BRÜDER GRIMM

MÄRCHEN

BRÜDER GRIMM

MÄRCHEN

ILLUSTRATIONEN
VON IGNAZ TASCHNER

Reclam

Inhalt

Das tapfere Schneiderlein

n einem Sommermorgen saß ein Schneiderlein auf seinem
Tisch am Fenster, war guter Dinge und nähte aus Leibeskräf-
ten. Da kam eine Bauersfrau die Straße herab und rief: »Gut

Mus feil! gut Mus feil!« Das
klang dem Schneiderlein lieblich in die Ohren, er steckte
sein zartes Haupt zum Fenster
hinaus und rief: »Hier herauf,
liebe Frau, hier wird sie ihre
Ware los.« Die Frau stieg die
drei Treppen mit ihrem schweren Korbe zu dem Schneider
herauf und musste die Töpfe
sämtlich vor ihm auspacken. Er
besah sie alle, hob sie in die
Höhe, hielt die Nase dran und
sagte endlich: »Das Mus scheint
mir gut, wieg sie mir doch vier
Lot ab, liebe Frau, wenn's auch
ein Viertelpfund ist, kommt es
mir nicht darauf an.« Die Frau,
welche gehofft hatte, einen guten Absatz zu finden, gab ihm
was er verlangte, ging aber ganz
ärgerlich und brummig fort.
»Nun das Mus soll mir Gott
gesegnen«, rief das Schneiderlein, »und soll mir Kraft und
Stärke geben«, holte das Brot
aus dem Schrank, schnitt sich

ein Stück über den ganzen Laib und strich das Mus darüber. »Das wird nicht bitter schmecken«, sprach er, »aber erst will ich den Wams fertig machen, eh ich anbeiße.« Er legte das Brot neben sich, nähte weiter und machte vor Freude immer größere Stiche. Indes stieg der Geruch von dem süßen Mus hinauf an die Wand, wo die Fliegen in großer Menge saßen, so dass sie herangelockt wurden und sich scharenweis darauf niederließen. »Ei, wer hat euch eingeladen?« sprach das Schneiderlein, und jagte die ungebetenen Gäste fort. Die Fliegen

aber, die kein Deutsch verstanden, ließen sich nicht abweisen, sondern kamen in immer größerer Gesellschaft wieder. Da lief dem Schneiderlein endlich, wie man sagt, die Laus über die Leber, es langte aus seiner Hölle nach einem Tuchlappen, und, »wart, ich will es euch

geben!«, schlug es unbarmherzig drauf. Als es abzog und zählte, so lagen nicht weniger als sieben vor ihm tot und streckten die Beine. »Bist du so ein Kerl?« sprach er, und musste selbst seine Tapferkeit bewundern, »das soll die ganze Stadt erfahren.« Und in der Hast schnitt sich das Schneiderlein einen Gürtel, nähte ihn und stickte mit großen Buchstaben darauf »Siebene auf einen Streich!« »Ei was Stadt!« sprach er weiter, »die ganze Welt soll's erfahren!« und sein Herz wackelte ihm vor Freude wie ein Lämmerschwänzchen.

Der Schneider band sich den Gürtel um den Leib und wollte in die Welt hinaus, weil er meinte die Werkstätte sei zu klein für seine Tapferkeit. Eh er abzog, suchte er im Haus herum, ob nichts da wäre, was er mitnehmen könnte, er fand aber nichts als einen alten Käs,

den steckte er ein. Vor dem Tore bemerkte
er einen Vogel, der sich im Gesträuch gefangen hatte, der musste zu dem Käse in
die Tasche. Nun nahm er den Weg tapfer
zwischen die Beine, und weil er leicht und
behend war, fühlte er keine Müdigkeit.
Der Weg führte ihn auf einen Berg, und
als er den höchsten Gipfel erreicht hatte,
so saß da ein gewaltiger Riese und schaute

sich ganz gemächlich um. Das Schneiderlein ging beherzt auf ihn zu,
redete ihn an und sprach: »Guten Tag, Kamerad, gelt, du sitzest da und
besiehst dir die weitläufige Welt? Ich bin eben auf dem Wege dahin
und will mich versuchen. Hast du Lust mitzugehen?« Der Riese sah
den Schneider verächtlich an und sprach: »Du Lump! du miserabler
Kerl!« »Das wäre!« antwortete das Schneiderlein, knöpfte den Rock
auf und zeigte dem Riesen den Gürtel, »da kannst du lesen was ich
für ein Mann bin.« Der Riese las »Siebene auf einen Streich«, meinte
das wären Menschen gewesen, die der Schneider erschlagen hätte,
und kriegte ein wenig Respekt vor dem kleinen Kerl. Doch wollte
er ihn erst prüfen, nahm einen Stein in die Hand und drückte ihn

zusammen, dass das
Wasser heraustropf-
te. »Das mach mir
nach«, sprach der
Riese, »wenn du
Stärke hast.« »Ist's
weiter nichts?« sagte

das Schneiderlein, »das ist bei unser-
einem Spielwerk«, griff in die Tasche, holte den weichen Käs und
drückte ihn dass der Saft heraus lief.
»Gelt«, sprach er, »das war ein wenig
besser?« Der Riese wusste nicht, was
er sagen sollte, und konnte es von
dem Männlein nicht glauben. Da
hob der Riese einen Stein auf und
warf ihn so hoch, dass man ihn mit
Augen kaum noch sehen konnte:
»Nun, du Erpelmännchen, das tu
mir nach.« »Gut geworfen«, sagte
der Schneider, »aber der Stein hat
doch wieder zur Erde herabfallen
müssen, ich will dir einen werfen,
der soll gar nicht wiederkommen«;

griff in die Tasche, nahm den Vogel und warf ihn in die Luft. Der
Vogel, froh über seine Freiheit, stieg auf, flog fort und kam nicht
wieder. »Wie gefällt dir das Stückchen, Kamerad?« fragte der Schnei-
der. »Werfen kannst du wohl«, sagte der Riese, »aber nun wollen wir
sehen ob du imstand bist, etwas Ordentliches zu tragen.« Er führte das
Schneiderlein zu einem mächtigen Eichbaum, der da gefällt auf dem
Boden lag, und sagte: »Wenn du stark genug bist, so hilf mir den
Baum aus dem Walde heraus tragen.« »Gerne«, antwortete der kleine
Mann, »nimm du nur den Stamm auf deine Schulter, ich will die
Äste mit dem Gezweig aufheben und tragen, das ist doch das schwers-
te.« Der Riese nahm den Stamm auf die Schulter, der Schneider aber

setzte sich auf einen Ast und der Riese, der sich nicht umsehen konnte, musste den ganzen Baum und das Schneiderlein noch obendrein forttragen. Es war da hinten ganz lustig und guter Dinge, pfiff das Liedchen »Es ritten drei Schneider zum Tore hinaus«, als wäre das Baumtragen ein Kinderspiel. Der Riese, nachdem er ein Stück Wegs die schwere Last fortgeschleppt hatte, konnte nicht weiter und rief: »Hör, ich muss den Baum fallen lassen.« Der Schneider sprang behendiglich herab, fasste den Baum mit beiden Armen, als wenn er ihn getragen hätte, und sprach zum Riesen: »Du bist ein so großer Kerl und kannst den Baum nicht einmal tragen.«

Sie gingen zusammen weiter, und als sie an einem Kirschbaum vorbei kamen, fasste der Riese die Krone des Baums, wo die zeitigsten Früchte hingen, bog sie herab, gab sie dem Schneider in die Hand und hieß ihn essen. Das Schneiderlein aber war viel zu schwach, um den Baum zu halten, und als der Riese los ließ, fuhr der Baum in die Höhe, und der Schneider ward mit in die Luft geschnellt. Als er wieder ohne Schaden herabgefallen war, sprach der Riese: »Was ist das, hast du nicht Kraft, die schwache Gerte zu halten?« »An der Kraft fehlt es nicht«, antwortete das Schneiderlein, »meinst du das wäre etwas für einen, der siebene mit einem Streich getroffen hat? Ich bin über den Baum gesprungen, weil die Jäger da unten in das Gebüsch schießen. Spring nach, wenn du's vermagst.« Der Riese machte den Versuch, konnte aber nicht über den Baum kommen sondern blieb in

den Ästen hängen, also dass das Schneiderlein auch hier die Oberhand behielt.

Der Riese sprach: »Wenn du ein so tapferer Kerl bist, so komm mit in unsere Höhle und übernachte bei uns.« Das Schneiderlein war bereit und folgte ihm. Als sie in der Höhle anlangten, saßen da noch andere Riesen beim Feuer, und jeder hatte ein gebratenes Schaf in der Hand und aß davon. Das Schneiderlein sah sich um und dachte: »Es ist doch hier viel weitläuftiger als in meiner Werkstatt.« Der Riese wies ihm ein Bett an und sagte er sollte sich hineinlegen und ausschlafen. Dem Schneiderlein war aber das Bett zu groß, er legte sich nicht hinein, sondern kroch in eine Ecke. Als es Mitternacht war, und der Riese meinte, das Schneiderlein läge in tiefem Schlafe, so stand er auf, nahm eine große Eisenstange und schlug das Bett mit einem Schlag durch und meinte, er hätte dem Grashüpfer den Garaus gemacht. Mit dem frühsten Morgen gingen die Riesen in den Wald und hatten das Schneiderlein ganz vergessen, da kam es auf einmal ganz lustig und verwegen dahergeschritten. Die Riesen erschraken, fürchteten, es schlüge sie alle tot und liefen in einer Hast fort.

Das Schneiderlein zog weiter, immer seiner spitzen Nase nach. Nachdem es lange gewandert war, kam es in den Hof eines königlichen Palastes, und da es Müdigkeit empfand, so legte es sich ins Gras und schlief ein. Während es da lag, kamen die Leute, betrachteten es von allen Seiten und lasen auf dem Gürtel »Siebene auf einen Streich«. »Ach«, sprachen sie, »was will der große Kriegsheld hier mitten im Frieden? Das muss ein mächtiger Herr sein.« Sie gingen und meldeten es dem König und meinten wenn Krieg ausbrechen sollte, wäre das ein wichtiger und nützlicher Mann, den man um keinen Preis fortlassen dürfte. Dem König gefiel der Rat und er schickte einen von seinen Hofleuten an das Schneiderlein ab, der sollte ihm, wenn es aufgewacht wäre, Kriegsdienste anbieten. Der Abgesandte blieb bei dem Schläfer stehen, wartete bis er seine Glieder streckte und die Augen aufschlug, und brachte dann seinen Antrag vor. »Eben deshalb bin ich hierher gekommen«, antwortete er, »ich bin bereit in des Königs Dienste zu treten.« Also ward er ehrenvoll empfangen und ihm eine besondere Wohnung angewiesen.

Die Kriegsleute aber waren dem Schneiderlein aufgesessen und wünschten, es wäre tausend Meilen weit weg. »Was soll daraus werden?« sprachen sie untereinander, »wenn wir Zank mit ihm kriegen und er haut zu, so fallen auf jeden Streich siebene. Da kann unsereiner nicht bestehen.« Also fassten sie einen Entschluss, begaben sich allesamt zum König und baten um ihren Abschied. »Wir sind nicht gemacht«, sprachen sie, »neben einem Mann auszuhalten, der siebene auf einen Streich schlägt.« Der König war traurig, dass er um des einen willen alle seine treuen Diener verlieren sollte, wünschte, dass seine Augen ihn nie gesehen hätten, und wäre ihn gerne wieder los gewesen. Aber er getrauete sich nicht ihm den Abschied zu geben, weil er

fürchtete er möchte ihn samt seinem Volke totschlagen und sich auf den königlichen Thron setzen. Er sann lange hin und her, endlich fand er einen Rat. Er schickte zu dem Schneiderlein und ließ ihm sagen, weil er ein so großer Kriegsheld wäre, so wollte er ihm ein Anerbieten machen. In einem Walde seines Landes hausten zwei Riesen, die mit Rauben, Morden, Sengen und Brennen großen Schaden stifteten: niemand dürfte sich ihnen nahen, ohne sich in Lebensgefahr zu setzen. Wenn er diese beiden Riesen überwände und tötete, so wollte er ihm seine einzige Tochter zur Gemahlin geben und das halbe Königreich zur Ehesteuer; auch sollten hundert Reiter mitziehen und ihm Beistand leisten. »Das wäre so etwas für einen Mann, wie du bist«, dachte das Schneiderlein, »eine schöne Königstochter und ein halbes Königreich wird einem nicht alle Tage angeboten.« »O ja«, gab er zur Antwort, »die Riesen will ich schon bändigen, und habe die hundert Reiter dabei nicht nötig: wer siebene auf einen Streich trifft, braucht sich vor zweien nicht zu fürchten.«

Das Schneiderlein zog aus, und die hundert Reiter folgten ihm. Als er zu dem Rand des Waldes kam, sprach er zu seinen Begleitern: »Bleibt hier nur halten, ich will schon allein mit den Riesen fertig werden.« Dann sprang er in den Wald hinein und schaute sich rechts und links um. Über ein Weilchen erblickte er beide Riesen: sie lagen unter einem Baume und schliefen und schnarchten dabei, dass sich die Äste auf und nieder bogen. Das Schneiderlein, nicht faul, las beide Taschen voll Steine und stieg damit auf den Baum. Als es in der Mitte war, rutschte es auf einem Ast bis es gerade über die Schläfer zu sitzen kam, und ließ dem einen Riesen einen Stein nach dem andern auf die Brust fallen. Der Riese spürte lange nichts, doch endlich wachte er auf, stieß seinen Gesellen an und sprach: »Was schlägst du mich?« »Du träumst«, sagte der andere, »ich schlage dich nicht.« Sie legten sich wieder zum Schlaf, da warf der Schneider auf den zweiten einen Stein herab. »Was soll das?« rief der andere, »warum wirfst du mich?« »Ich werfe dich nicht«, antwortete der erste und brummte. Sie zankten sich eine Weile herum, doch weil sie müde waren, ließen sie's gut sein, und die Augen fielen ihnen wieder zu. Das Schneiderlein fing sein Spiel von neuem an, suchte den dicksten Stein aus und warf ihn dem ersten Riesen mit aller Gewalt

auf die Brust. »Das ist zu arg!« schrie er, sprang wie ein Unsinniger auf und stieß seinen Gesellen wider den Baum, dass dieser zitterte. Der andere zahlte mit gleicher Münze, und sie gerieten in solche Wut, dass sie Bäume ausrissen, aufeinander losschlugen, so lang, bis sie endlich beide zugleich tot auf die Erde fielen. Nun sprang das Schneiderlein herab. »Ein Glück nur«, sprach es, »dass sie den Baum, auf dem ich saß, nicht ausgerissen haben, sonst hätte ich wie ein Eichhörnchen auf einen andern springen müssen: doch unsereiner ist flüchtig!« Es zog sein Schwert und versetzte jedem ein paar tüchtige Hiebe in die Brust, dann ging es hinaus zu den Reitern und sprach: »Die Arbeit ist getan, ich habe beiden den Garaus gemacht: aber hart ist es hergegangen, sie haben in der Not Bäume ausgerissen und sich gewehrt, doch das hilft alles nichts, wenn einer kommt wie ich, der siebene auf einen Streich schlägt.« »Seid ihr denn nicht verwundet?« fragten die Reiter. »Das hat gute Wege«, antwortete der Schneider, »kein Haar haben sie mir gekrümmt.« Die Reiter wollten ihm keinen Glauben beimessen und ritten in den Wald hinein: da fanden sie die Riesen in ihrem Blute schwimmend, und ringsherum lagen die ausgerissenen Bäume.

Das Schneiderlein verlangte von dem König die versprochene Belohnung, den aber reute sein Versprechen und er sann aufs neue wie er sich den Helden vom Halse schaffen könnte. »Ehe du meine Tochter und das halbe Reich erhältst«, sprach er zu ihm, »musst du noch eine Heldentat vollbringen. In dem Walde läuft ein Einhorn, das großen Schaden anrichtet, das musst du erst einfangen.« »Vor einem Einhorne fürchte ich mich noch weniger als vor zwei Riesen; siebene auf einen Streich, das ist meine Sache.« Er nahm sich einen Strick und eine Axt mit, ging hinaus in den Wald und hieß abermals die, welche ihm zugeordnet waren, außen warten. Er brauchte nicht lange zu suchen, das Einhorn kam bald daher und sprang geradezu auf den Schneider los, als wollte es ihn ohne Umstände aufspießen. »Sachte, sachte«, sprach er, »so geschwind geht das nicht«, blieb stehen und wartete bis das Tier ganz nahe war, dann sprang er behendiglich hinter den Baum. Das Einhorn rannte mit aller Kraft gegen den Baum und spießte sein Horn so fest in den Stamm, dass es nicht Kraft genug hatte, es wieder herauszuziehen, und so war es gefangen. »Jetzt hab ich das Vöglein«, sagte der Schneider, kam hinter dem Baum hervor, legte dem Einhorn den Strick erst um den Hals, dann hieb er mit der Axt das Horn aus dem Baum und als alles in Ordnung war, führte er das Tier ab und brachte es dem König.

Der König wollte ihm den verheißenen Lohn noch nicht gewäh-
ren und machte eine dritte Forderung. Der Schneider sollte ihm vor
der Hochzeit erst ein Wildschwein fangen, das in dem Wald großen
Schaden tat; die Jäger sollten ihm Beistand leisten. »Gerne«, sprach der
Schneider, »das ist ein Kinderspiel.« Die Jäger nahm er nicht mit in
den Wald, und sie waren's wohl zufrieden, denn das Wildschwein hatte sie schon mehrmals so empfangen, dass sie keine Lust hatten, ihm
nachzustellen. Als das Schwein den Schneider erblickte, lief es mit
schäumendem Munde und wetzenden Zähnen auf ihn zu und wollte
ihn zur Erde werfen: der flüchtige Held aber sprang in eine Kapelle,

die in der Nähe war, und gleich oben zum Fenster in einem Satze wieder hinaus. Das Schwein war hinter ihm her gelaufen, er aber hüpfte außen herum und schlug die Türe hinter ihm zu; da war das wütende Tier gefangen, das viel zu schwer und unbehilflich war, um zu dem Fenster hinauszuspringen. Das Schneiderlein rief die Jäger herbei, die mussten den Gefangenen mit eigenen Augen sehen: der Held aber begab sich zum Könige, der nun, er mochte wollen oder nicht, sein Versprechen halten musste und ihm seine Tochter und das halbe Königreich übergab. Hätte er gewusst, dass kein Kriegsheld, sondern ein Schneiderlein vor ihm stand, es wäre ihm noch mehr zu Herzen gegangen. Die Hochzeit ward also mit großer Pracht und kleiner Freude gehalten, und aus einem Schneider ein König gemacht.

Nach einiger Zeit hörte die junge Königin in der Nacht wie ihr Gemahl im Traume sprach: »Junge, mach mir den Wams und

flick mir die Hosen, oder ich will dir die Elle über die Ohren schlagen.« Da merkte sie in welcher Gasse der junge Herr geboren war, klagte am andern Morgen ihrem Vater ihr Leid und bat er möchte ihr von dem Manne helfen, der nichts anders als ein Schneider wäre. Der König sprach ihr Trost zu und sagte: »Lass in der nächsten Nacht deine Schlafkammer offen, meine Diener sollen außen stehen und, wenn er eingeschlafen ist, hineingehen, ihn binden und auf ein Schiff tragen, das ihn in die weite Welt führt.« Die Frau war damit zufrieden, des Königs Waffenträger aber, der alles mit angehört hatte, war dem jungen Herrn gewogen und hinterbrachte ihm den ganzen Anschlag. »Dem Ding will ich einen Riegel vorschieben«, sagte das Schneiderlein. Abends legte es sich zu gewöhnlicher Zeit mit seiner Frau zu Bett: als sie glaubte, er sei eingeschlafen, stand sie auf, öffnete die Türe und legte sich wieder. Das Schneiderlein, das sich nur stellte als wenn es schlief, fing an mit heller Stimme zu rufen: »Junge, mach mir den Wams und flick mir die Hosen, oder ich will dir die Elle über die Ohren schlagen! Ich habe siebene mit einem Streich getroffen, zwei Riesen getötet, ein Einhorn fortgeführt und ein Wildschwein gefangen und sollte

mich vor denen fürchten, die draußen vor der Kammer stehen!« Als diese den Schneider also sprechen hörten, überkam sie eine große Furcht, sie liefen als wenn das wilde Heer hinter ihnen wäre, und keiner wollte sich mehr an ihn wagen. Also war und blieb das Schneiderlein sein Lebtag ein König.

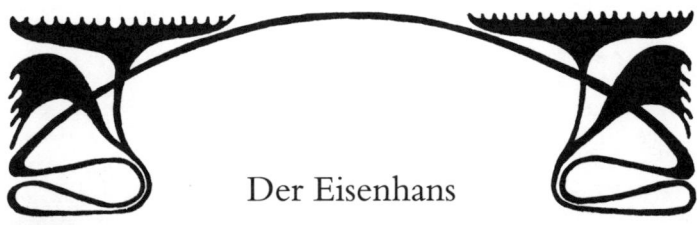

Der Eisenhans

s war einmal ein König, der hatte einen großen Wald bei
seinem Schloss, darin lief Wild aller Art herum. Zu einer
Zeit schickte er einen Jäger hinaus, der sollte ein Reh schießen, aber er kam nicht wieder. »Vielleicht ist ihm ein Unglück zugestoßen«, sagte der König, und schickte den folgenden Tag
zwei andere Jäger hinaus, die sollten ihn aufsuchen, aber die blieben
auch weg. Da ließ er am dritten Tag alle seine Jäger kommen und
sprach: »Streift durch den ganzen Wald und lasst nicht ab bis ihr sie
alle drei gefunden habt.« Aber auch von diesen kam keiner wieder
heim, und von der Meute Hunde, die sie mitgenommen hatten, ließ

sich keiner wieder sehen. Von der Zeit an wollte sich niemand mehr in den Wald wagen, und er lag da in tiefer Stille und Einsamkeit, und man sah nur zuweilen einen Adler oder Habicht darüber hin fliegen. Das dauerte viele Jahre, da meldete sich ein fremder Jäger bei dem König, suchte eine Versorgung und erbot sich, in den gefährlichen Wald zu gehen. Der König aber wollte seine Einwilligung nicht geben und sprach: »Es ist nicht geheuer darin, ich fürchte es geht dir nicht besser als den andern, und du kommst nicht wieder heraus.« Der Jäger antwortete: »Herr, ich will's auf meine Gefahr wagen: von Furcht weiß ich nichts.«

Der Jäger begab sich also mit seinem Hund in den Wald. Es dauerte nicht lange, so geriet der Hund einem Wild auf die Fährte und wollte hinter ihm her: kaum aber war er ein paar Schritte gelaufen, so stand er vor einem tiefen Pfuhl, konnte nicht weiter und ein nackter Arm streckte sich aus dem Wasser, packte ihn und zog ihn hinab. Als der Jäger das sah, ging er zurück und holte drei Männer,

die mussten mit Eimern kommen und das Wasser ausschöpfen. Als sie auf den Grund sehen konnten, so lag da ein wilder Mann, der braun am Leib war, wie rostiges Eisen und dem die Haare über das Gesicht bis zu den Knien herabhingen. Sie banden ihn mit Stricken und führten ihn fort, in das Schloss. Da war große Verwunderung über den wilden Mann, der König aber ließ ihn in einen eisernen Käfig auf seinen Hof setzen und verbot bei Lebensstrafe, die Türe des Käfigs zu öffnen, und die Königin musste den Schlüssel selbst in Verwahrung nehmen. Von nun an konnte ein jeder wieder mit Sicherheit in den Wald gehen.

Der König hatte einen Sohn von acht Jahren, der spielte einmal auf dem Hof, und bei dem Spiel fiel ihm sein goldener Ball in den Käfig. Der Knabe lief hin und sprach: »Gib mir meinen Ball heraus.« »Nicht eher«, antwortete der Mann, »als bis du mir die Türe aufgemacht hast.« »Nein«, sagte der Knabe, »das tue ich nicht, das hat der König verboten«, und lief fort. Am andern Tag kam er wieder und forderte seinen Ball: der wilde Mann sagte »öffne meine Türe«, aber der Knabe wollte nicht. Am dritten Tag war der König auf die Jagd geritten, da kam der Knabe nochmals und sagte: »Wenn ich auch wollte, ich kann die Türe nicht öffnen, ich habe den Schlüssel nicht.« Da sprach der wilde Mann: »Er liegt unter dem Kopfkissen deiner Mutter, da kannst du ihn holen.« Der Knabe, der seinen Ball wiederhaben wollte, schlug alles Bedenken in den Wind und brachte den Schlüssel herbei. Die Türe ging schwer auf, und der Knabe klemmte sich den Finger. Als sie offen war, trat der wilde Mann heraus, gab ihm den goldenen Ball und eilte hinweg. Dem Knaben war angst geworden, er schrie und rief ihm nach: »Ach, wilder Mann, geh nicht fort, sonst bekomme ich Schläge.« Der

wilde Mann kehrte um, hob ihn auf, setzte ihn auf seinen Nacken und ging mit schnellen Schritten in den Wald hinein. Als der König heim kam, bemerkte er den leeren Käfig und fragte die Königin, wie das zugegangen wäre. Sie wusste nichts davon, suchte den Schlüssel, aber er war weg. Sie rief den Knaben, aber niemand antwortete. Der König schickte Leute aus, die ihn auf dem Feld suchen sollten, aber sie fanden ihn nicht. Da konnte er leicht erraten, was geschehen war, und es herrschte große Trauer an dem königlichen Hof.

Als der wilde Mann wieder in dem finstern Wald angelangt war, so setzte er den Knaben von den Schultern herab und sprach zu ihm: »Vater und Mutter siehst du nicht wieder, aber ich will dich bei mir behalten, denn du hast mich befreit, und ich habe Mitleid mit dir. Wenn du alles tust, was ich dir sage, so sollst du's gut haben. Schätze und Gold habe ich genug und mehr als jemand in der Welt.« Er machte dem Knaben ein Lager von Moos, auf dem er einschlief, und am andern Morgen führte ihn der Mann zu einem Brunnen und sprach: »Siehst du, der Goldbrunnen ist hell und klar wie Kristall: du sollst dabei sitzen und achthaben, dass nichts hineinfällt, sonst ist er verunehrt. Jeden Abend komme ich und sehe, ob du mein Gebot befolgt hast.« Der Knabe setzte sich an den Rand des Brunnens, sah wie manchmal ein goldner Fisch, manchmal eine goldne Schlange sich darin zeigte, und hatte acht, dass nichts hineinfiel. Als er so saß, schmerzte ihn einmal der Finger so heftig, dass er ihn unwillkürlich in das Wasser steckte. Er zog ihn schnell wieder heraus, sah aber, dass er ganz vergoldet war, und wie große Mühe er sich gab, das Gold wieder abzuwischen, es war alles vergeblich. Abends kam der Eisenhans zurück, sah den Knaben an und sprach: »Was ist mit dem Brunnen ge-

schehen?« »Nichts, nichts«, antwortete er und hielt den Finger auf den Rücken, dass er ihn nicht sehen sollte. Aber der Mann sagte: »Du hast den Finger in das Wasser getaucht: diesmal mag's hingehen, aber hüte dich, dass du nicht wieder etwas hineinfallen lässt.« Am frühsten Morgen saß er schon bei dem Brunnen und bewachte ihn. Der Finger tat ihm wieder weh und er fuhr damit über seinen Kopf, da fiel unglücklicher Weise ein Haar herab in den Brunnen. Er nahm es schnell heraus, aber es war schon ganz vergoldet. Der Eisenhans kam und wusste schon was geschehen war. »Du hast ein Haar in den Brunnen fallen lassen«, sagte er, »ich will dir's noch einmal nachsehen, aber wenn's zum drittenmal geschieht, so ist der Brunnen entehrt, und du kannst nicht länger bei mir bleiben.« Am dritten Tag saß der Knabe am Brunnen und bewegte den Finger nicht, wenn er ihm noch so weh tat. Aber die Zeit ward ihm lang, und er betrachtete sein Angesicht, das auf dem Wasserspiegel stand. Und als er sich dabei immer mehr beugte, und sich recht in die Augen sehen wollte, so fielen ihm seine langen Haare von den Schultern herab in das Wasser. Er richtete sich schnell in die Höhe, aber das ganze Haupthaar war schon vergoldet und glänzte wie eine Sonne. Ihr könnt denken, wie der arme Knabe erschrak. Er nahm sein Taschentuch und band es um den Kopf, damit es der Mann nicht sehen sollte. Als er kam, wusste er schon alles und sprach: »Binde das Tuch auf.« Da quollen die goldenen Haare hervor und der Knabe mochte sich entschuldigen, wie er wollte, es half ihm nichts. »Du hast die Probe nicht bestanden und kannst nicht länger hierbleiben. Geh hinaus in die Welt, da wirst du erfahren, wie die Armut tut. Aber weil du kein böses Herz hast und ich's gut mit dir meine, so will ich dir eins erlauben: wenn du in Not gerätst, so geh zu dem Wald und rufe ›Eisenhans‹, dann will ich kommen und dir helfen. Meine Macht ist groß, größer als du denkst, und Gold und Silber habe ich im Überfluss.«

Da verließ der Königssohn den Wald und ging über gebahnte und ungebahnte Wege immer zu, bis er zuletzt in eine große Stadt kam. Er suchte da Arbeit, aber er konnte keine finden und hatte auch nichts erlernt, womit er sich hätte forthelfen können. Endlich ging er in das Schloss und fragte, ob sie ihn behalten wollten. Die Hofleute wussten nicht, wozu sie ihn brauchen sollten, aber sie hatten Wohlgefallen an ihm und hießen ihn bleiben. Zuletzt nahm ihn der Koch in Dienst und sagte, er könnte Holz und Wasser tragen und die Asche zusammenkehren. Einmal, als gerade kein anderer zur Hand war, hieß ihn der Koch die Speisen zur königlichen Tafel tragen, da er aber seine goldenen Haare nicht wollte sehen lassen, so behielt er sein Hütchen auf. Dem König war so etwas noch nicht vorgekommen, und er sprach:

»Wenn du zur königlichen Tafel kommst, musst du deinen Hut abziehen.« »Ach Herr«, antwortete er, »ich kann nicht, ich habe einen bösen Grind auf dem Kopf.« Da ließ der König den Koch herbeirufen, schalt ihn und fragte, wie er einen solchen Jungen hätte in seinen Dienst nehmen können; er sollte ihn gleich fortjagen. Der Koch aber hatte Mitleiden mit ihm und vertauschte ihn mit dem Gärtnerjungen.

Nun musste der Junge im Garten pflanzen und begießen, hacken und graben und Wind und böses Wetter über sich ergehen lassen. Einmal im Sommer als er allein im Garten arbeitete, war der Tag so heiß, dass er sein Hütchen abnahm und die Luft ihn kühlen sollte. Wie die Sonne auf das Haar schien, glitzte und blitzte es, dass die Strahlen in das Schlafzimmer der Königstochter fielen und sie aufsprang um zu sehen, was das wäre. Da erblickte sie den Jungen und rief ihn an »Junge, bring mir einen Blumenstrauß.« Er setzte in aller Eile sein Hütchen auf, brach wilde Feldblumen ab und band sie zusammen. Als er damit die Treppe hinaufstieg, begegnete ihm der Gärtner und sprach: »Wie kannst du der Königstochter einen Strauß von schlechten Blumen bringen? Geschwind hole andere, und suche die schönsten und seltensten aus.« »Ach nein«, antwortete der Junge, »die wilden riechen kräftiger und werden ihr besser gefallen.« Als er in ihr Zimmer kam, sprach die Königstochter: »Nimm dein Hütchen ab, es ziemt sich nicht, dass du ihn vor mir auf behältst.« Er antwortete wieder: »Ich darf

nicht, ich habe einen grindigen Kopf.« Sie griff aber nach dem Hütchen und zog es ab, da rollten seine goldenen Haare auf die Schultern herab, dass es prächtig anzusehen war. Er wollte fortspringen, aber sie hielt ihn am Arm und gab ihm eine Hand voll Dukaten. Er ging damit fort, achtete aber des Goldes nicht, sondern er brachte es dem Gärtner und sprach: »Ich schenke es deinen Kindern, die können damit spielen.« Den andern Tag rief ihm die Königstochter abermals zu, er sollte ihr einen Strauß Feldblumen bringen, und als er damit eintrat, grapste sie gleich nach seinem Hütchen und wollte es ihm wegnehmen, aber er hielt es mit beiden Händen fest. Sie gab ihm wieder eine Hand voll Dukaten, aber er wollte sie nicht behalten und gab sie dem Gärtner zum Spielwerk für seine Kinder. Den dritten Tag ging's nicht anders, sie konnte ihm sein Hütchen nicht wegnehmen, und er wollte ihr Gold nicht.

Nicht lange danach ward das Land mit Krieg überzogen. Der König sammelte sein Volk und wusste nicht ob er dem Feind, der übermächtig war und ein großes Heer hatte, Widerstand leisten könnte. Da sagte der Gärtnerjunge: »Ich bin herangewachsen und will mit in den Krieg ziehen, gebt mir nur ein Pferd.« Die andern lachten und sprachen: »Wenn wir fort sind, so suche dir eins: wir wollen dir eins im Stall zurücklassen.« Als sie ausgezogen waren, ging er in den Stall und zog das Pferd heraus; es war an einem Fuß lahm und hickelte hunkepuus, hunkepuus. Dennoch setzte er sich auf und ritt fort nach dem dunkeln Wald. Als er an den Rand desselben gekommen war, rief er dreimal Eisenhans so laut, dass es durch die Bäume schallte. Gleich darauf erschien der wilde Mann und sprach: »Was verlangst du?« »Ich verlange ein starkes Ross, denn ich will in den Krieg ziehen.«

»Das sollst du haben und noch mehr als du verlangst.« Dann ging der wilde Mann in den Wald zurück, und es dauerte nicht lange, so kam ein Stallknecht aus dem Wald und führte ein Ross herbei, das schnaubte aus den Nüstern und war kaum zu bändigen. Und hinterher folgte eine große Schar Kriegsvolk, ganz in Eisen gerüstet, und ihre Schwerter blitzten in der Sonne. Der Jüngling übergab dem Stallknecht sein dreibeiniges Pferd, bestieg das andere und ritt vor der Schar her. Als er sich dem Schlachtfeld näherte, war schon ein großer Teil von des Königs Leuten gefallen und es fehlte nicht viel, so mussten die übrigen weichen. Da jagte der Jüngling mit seiner eisernen Schar heran, fuhr wie ein Wetter über die Feinde und schlug alles nieder, was sich ihm widersetzte. Sie wollten fliehen, aber der Jüngling saß ihnen auf dem Nacken und ließ nicht ab, bis kein Mann mehr übrig war. Statt aber zu dem König zurückzukehren, führte er seine Schar auf Umwegen wieder zu dem Wald und rief den Eisenhans heraus. »Was verlangst du?« fragte der wilde Mann.

»Nimm dein Ross und deine Schar zurück und gib mir mein dreibeiniges Pferd wieder.« Es geschah alles, was er verlangte, und er ritt auf seinem dreibeinigen Pferd heim. Als der König wieder in sein Schloss kam, ging ihm seine Tochter entgegen und wünschte ihm Glück zu seinem Sieg. »Ich bin  es nicht, der den Sieg davon getragen hat«, sprach er, »sondern ein fremder Ritter, der mir mit seiner Schar zu Hilfe kam.« Die Tochter wollte wissen wer der fremde Ritter wäre, aber der König wusste es nicht und sagte: »Er hat die Feinde verfolgt, und ich habe ihn nicht wieder gesehen.« Sie erkundigte sich bei dem Gärtner nach seinem Jungen: der lachte aber und sprach: »Eben ist er auf seinem dreibeinigen Pferd heim gekommen, und die andern haben gespottet und gerufen: ›Da kommt unser Hunkepuus wieder an.‹ Sie fragten auch: ›Hinter welcher Hecke hast du derweil gelegen und geschlafen?‹ Er sprach aber: ›Ich habe das beste getan, und ohne mich wäre es schlecht gegangen.‹ Da ward er noch mehr ausgelacht.«

43

Der König sprach zu seiner Tochter: »Ich will ein großes Fest ansagen lassen, das drei Tage währen soll, und du sollst einen goldenen Apfel werfen: vielleicht kommt der Unbekannte herbei.« Als das Fest verkündigt war, ging der Jüngling hinaus zu dem Wald und rief den Eisenhans. »Was verlangst du?« fragte er. »Dass ich den goldenen Apfel der Königstochter fange.« »Es ist so gut als hättest du ihn schon«, sagte Eisenhans, »du sollst auch eine rote Rüstung dazu haben und auf einem stolzen Fuchs reiten.« Als der Tag kam, sprengte der Jüngling heran, stellte sich unter die Ritter und ward von niemand erkannt. Die Königstochter trat hervor und warf den Rittern einen goldenen Apfel zu, aber keiner fing ihn als er allein, aber sobald er ihn hatte, jagte er davon. Am zweiten Tag hatte ihn Eisenhans als weißen Ritter ausgerüstet und ihm einen Schimmel gegeben. Abermals fing er allein den Apfel, verweilte aber keinen Augenblick, sondern jagte damit fort. Der König ward bös und sprach: »Das ist nicht erlaubt, er muss vor mir erscheinen und seinen Namen nennen.« Er gab den Befehl, wenn der Ritter, der den Apfel gefangen habe, sich wieder davonmachte, so sollte man ihm nachsetzen und wenn er nicht gutwillig zurückkehrte, auf ihn hauen und stechen. Am dritten Tag erhielt er vom Eisenhans eine schwarze Rüstung und einen Rappen und fing auch wieder den Apfel. Als er aber damit fortjagte, verfolgten ihn die Leute des Königs und einer kam ihm so nahe, dass er mit der Spitze des Schwerts ihm das Bein verwundete. Er entkam ihnen jedoch, aber sein Pferd sprang so gewaltig, dass der Helm ihm vom Kopf fiel, und sie konnten sehen, dass er goldene Haare hatte. Sie ritten zurück und meldeten dem König alles.

Am andern Tag fragte die Königstochter den Gärtner nach seinem Jungen. »Er arbeitet im Garten: der wunderliche Kauz ist auch bei dem Fest gewesen und erst gestern Abend wiedergekommen; er hat auch meinen Kindern drei goldene Äpfel gezeigt, die er gewonnen hat.« Der König ließ ihn vor sich fordern, und er erschien und hatte wieder sein Hütchen auf dem Kopf. Aber die Königstochter ging auf ihn zu und nahm es ihm ab, und da fielen seine goldenen

Haare über die Schultern, und er war so schön, dass alle erstaunten. »Bist du der Ritter gewesen, der jeden Tag zu dem Fest gekommen ist, immer in einer andern Farbe, und der die drei goldenen Äpfel gefangen hat?« fragte der König. »Ja«, antwortete er, »und da sind die Äpfel«, holte sie aus seiner Tasche und reichte sie dem König. »Wenn ihr noch mehr Beweise verlangt, so könnt ihr die Wunde sehen, die mir eure Leute geschlagen haben, als sie mich verfolgten. Aber ich bin auch

der Ritter, der euch zum Sieg über die Feinde geholfen hat.«
»Wenn du solche Taten verrichten kannst, so bist du kein Gärtnerjunge: sage mir, wer ist dein Vater?« »Mein Vater ist ein mächtiger
König und Goldes habe ich die Fülle und so viel ich nur verlange.«
»Ich sehe wohl«, sprach der König, »ich bin dir Dank schuldig, kann
ich dir etwas zu Gefallen tun?« »Ja« antwortete er, »das könnt ihr
wohl, gebt mir eure Tochter zur Frau.« Da lachte die Jungfrau und
sprach: »Der macht keine Umstän-
de, aber ich habe schon an seinen
goldenen Haaren gesehen, dass er
kein Gärtnerjunge ist«, ging dann
hin und küsste ihn. Zu der Ver-
mählung kam sein Vater und seine
Mutter und waren in großer Freude, denn sie hatten schon alle
Hoffnung aufgegeben ihren lieben
Sohn wiederzusehen. Und als sie
an der Hochzeitstafel saßen, da
schwieg auf einmal die Musik, die
Türen gingen auf und ein stolzer
König trat herein mit großem Ge-

folge. Er ging auf den Jüngling zu, umarmte ihn und sprach: »Ich bin der Eisenhans, und war in einen wilden Mann verwünscht, aber du hast mich erlöst. Alle Schätze, die ich besitze, die sollen dein Eigentum sein.«

Der Riese und der Schneider

 inem Schneider, der ein großer Prahler war, aber ein schlechter Zahler, kam es in den Sinn ein wenig auszugehen und sich in dem Wald umzuschauen. Sobald er nur konnte, verließ er seine Werkstatt,

wanderte seinen Weg,
über Brücke und Steg,
bald da, bald dort,
immer fort und fort.

Als er nun draußen war, erblickte er in der blauen Ferne einen steilen Berg und dahinter einen himmelhohen Turm, der aus einem wilden und finstern Wald hervorragte. »Potz Blitz!« rief der Schneider, »was ist das?« und weil ihn die Neugierde gewaltig stach, so ging er frisch darauf los. Was sperrte er aber Maul und Augen auf, als er in die Nähe kam, denn der Turm hatte Beine, sprang in einem Satz über den steilen Berg und stand als ein großmächtiger Riese vor dem Schneider. »Was willst du hier, du winziges Fliegenbein«, rief der mit einer Stimme, als wenn's von allen Seiten donnerte. Der Schneider wisperte: »Ich will mich umschauen, ob ich mein Stückchen Brot in dem Wald verdienen kann.« »Wenn's um die Zeit ist«, sagte der Riese, »so kannst du ja bei mir im Dienst eintreten.« »Wenn's sein muss, warum das nicht? Was krieg ich aber für einen Lohn?« »Was du für einen Lohn kriegst?« sagte der Riese, »das sollst du hören. Jährlich dreihundertundfünfundsechzig Tage, und wenn's ein Schaltjahr ist, noch einen obendrein. Ist dir das recht?« »Meinetwegen«, antwortete der Schneider und dachte in seinem Sinn: »Man muss sich strecken nach seiner Decke. Ich such mich bald wieder loszumachen.«

Darauf sprach der Riese zu ihm: »Geh, kleiner Halunke, und hol mir einen Krug Wasser.« »Warum nicht lieber gleich den Brunnen mitsamt der Quelle?« fragte der Prahlhans und ging mit dem Krug zu dem Wasser. »Was? Den Brunnen mitsamt der Quelle?« brummte der Riese, der ein bisschen tölpisch und albern war, in den Bart hinein und fing an sich zu fürchten, »der Kerl kann mehr als Äpfel braten: der hat einen Alraun im Leib. Sei auf deiner Hut, alter Hans, das ist kein Diener für dich.« Als der Schneider das Wasser gebracht hatte, befahl ihm der Riese in dem Wald ein paar Scheite Holz zu hauen und heimzutragen. »Warum nicht lieber den ganzen Wald mit einem Streich,

  den ganzen Wald
mit jung und alt,
mit allem, was er hat,
knorzig und glatt?«

fragte das Schneiderlein, und ging das Holz zu hauen. »Was?

den ganzen Wald
mit jung und alt,
mit allem, was er hat,
knorzig und glatt?

und den Brunnen mitsamt der Quelle?« brummte der leichtgläubige Riese in den Bart und fürchtete sich noch mehr, »der Kerl kann mehr als Äpfel braten, der hat einen Alraun im Leib. Sei auf deiner Hut, alter Hans, das ist kein Diener für dich.« Wie der Schneider das Holz gebracht hatte, befahl ihm der Riese zwei oder drei wilde Schweine zum Abendessen zu schießen. »Warum nicht lieber gleich tausend auf einen Schuss und die alle hierher?« fragte der hoffärtige Schneider. »Was?« rief der Hasenfuß von einem Riesen und war heftig erschrocken, »lass es nur für heute gut sein und lege dich schlafen.«

Der Riese fürchtete sich so gewaltig, dass er die ganze Nacht kein Auge zutun konnte und

hin und her dachte, wie er's anfangen sollte, um sich den verwünschten Hexenmeister von Diener, je eher je lieber, vom Hals zu schaffen. Kommt Zeit, kommt Rat. Am andern Morgen gingen der Riese und der Schneider zu einem Sumpf, um den ringsherum eine Menge Weidenbäume standen. Da sprach der Riese: »Hör einmal, Schneider, setz dich auf eine von den Weidenruten, ich möchte um mein Leben gern sehen, ob du imstand bist, sie herabzubiegen.« Husch, saß das Schneiderlein oben, hielt den Atem ein und machte sich schwer, so schwer, dass sich die Gerte niederbog. Als er aber wieder Atem schöpfen musste, da schnellte sie ihn, weil er zum Unglück kein Bügeleisen in die Tasche gesteckt hatte, zu großer Freude des Riesen, so weit in die Höhe, dass man ihn gar nicht mehr sehen konnte. Wenn er nicht wieder heruntergefallen ist, so wird er wohl noch oben in der Luft herumschweben.

Die Wichtelmänner

s war ein Schuster ohne seine Schuld so arm geworden, dass ihm endlich nichts mehr übrig blieb als Leder zu einem einzigen Paar Schuhe. Nun schnitt er am Abend die Schuhe zu, die wollte er den nächsten Morgen in Arbeit nehmen; und weil er ein gutes Gewissen hatte, so legte er sich ruhig zu Bett, befahl sich dem lieben Gott und schlief ein. Morgens, nachdem er sein Gebet verrichtet hatte und sich zur Arbeit niedersetzen wollte, so standen die beiden Schuhe ganz fertig auf seinem Tisch. Er verwunderte sich und wusste nicht, was er dazu sagen sollte. Er nahm die Schuhe in die Hand, um sie näher zu betrachten: sie waren so sauber gearbeitet, dass kein Stich daran falsch war, gerade als wenn es ein Meisterstück sein sollte. Bald darauf trat auch schon ein Käufer ein, und weil ihm die Schuhe so gut gefielen, so bezahlte er mehr als gewöhnlich dafür, und der Schuster konnte von dem Geld Leder zu zwei Paar Schuhen erhandeln. Er schnitt sie abends zu und wollte den nächsten Morgen mit frischem Mut an die Arbeit gehen, aber er brauchte es nicht, denn als er aufstand waren sie schon fertig, und es

blieben auch nicht die Käufer aus, die ihm so viel Geld gaben, dass er Leder zu vier Paar Schuhen einkaufen konnte. Er fand früh Morgens auch die vier Paar fertig; und so ging's immer fort, was er abends zuschnitt, das war am Morgen verarbeitet, also dass er bald wieder sein ehrliches Auskommen hatte und endlich ein wohlhabender Mann ward. Nun geschah es eines Abends nicht lange vor Weihnachten, als der Mann wieder zugeschnitten hatte, dass er vor Schlafengehen zu seiner Frau sprach: »Wie wär's wenn wir diese Nacht aufblieben, um zu sehen, wer uns solche hilfreiche Hand leistet?« Die Frau war's zufrieden und steckte ein Licht an; darauf verbargen sie sich in den Stubenecken, hinter den Kleidern, die da aufgehängt waren und gaben acht. Als es Mitternacht war, da kamen zwei kleine niedliche nackte Männlein, setzten sich vor des Schusters Tisch, nahmen alle zugeschnittene Arbeit zu sich und fingen an, mit ihren Fingerlein so behend und schnell zu stechen, zu nähen, zu klopfen, dass der Schuster vor Verwunderung die Augen nicht abwenden konnte. Sie ließen nicht nach, bis alles zu Ende gebracht war und fertig auf dem Tische stand, dann sprangen sie schnell fort.

 Am andern Morgen sprach die Frau: »Die kleinen Männer haben uns reich gemacht, wir müssten uns doch dankbar dafür bezeigen. Sie laufen so herum, haben nichts am Leib

und müssen frieren. Weißt du was? Ich will Hemdlein, Rock, Wams und Höslein für sie nähen, auch jedem ein Paar Strümpfe stricken; mach du jedem ein Paar Schühlein dazu.« Der Mann sprach: »Das bin ich wohl zufrieden«, und abends, wie sie alles fertig hatten, legten sie die Geschenke statt der zugeschnittenen Arbeit zusammen auf den Tisch und versteckten sich dann, um mit anzusehen wie sich die Männlein dazu anstellen würden. Um Mitternacht kamen sie herangesprungen und wollten sich gleich an die Arbeit machen, als sie aber kein zugeschnittenes Leder, sondern die niedlichen Kleidungsstücke fanden, verwunderten sie sich erst, dann aber bezeigten sie eine gewaltige Freude. Mit der größten Geschwindigkeit zogen sie sich an, strichen die schönen Kleider am Leib und sangen:

>Sind wir nicht Knaben glatt und fein?
Was sollen wir länger Schuster sein!<

Dann hüpften und tanzten sie, und sprangen über Stühle und Bänke.
Endlich tanzten sie zur Türe hinaus. Von nun an kamen sie nicht wieder, dem Schuster aber ging es wohl solang er lebte, und es glückte
ihm alles was er unternahm.

Trulle

Die Gänsehirtin
am Brunnen

s war einmal ein steinaltes Mütterchen, das lebte mit seiner Herde Gänse in einer Einöde zwischen Bergen und hatte da ein kleines Haus. Die Einöde war von einem großen Wald umgeben, und jeden Morgen nahm die Alte ihre Krücke und wackelte in den Wald. Da war aber das Mütterchen ganz geschäftig, mehr als man ihm bei seinen hohen Jahren zugetraut hätte, sammelte Gras für seine Gänse, brach sich das wilde Obst ab, soweit es mit den Händen reichen konnte, und trug alles auf seinem Rücken heim. Man hätte meinen sollen die schwere Last müsste sie zu Boden drücken, aber sie brachte sie immer glücklich nach Haus. Wenn ihr jemand begegnete, so grüßte sie ganz freundlich: »Guten Tag, lieber Landsmann, heute ist schönes Wetter. Ja, ihr wundert euch, dass ich das Gras schleppe, aber jeder muss seine Last auf den Rücken nehmen.« Doch die Leute begegneten ihr nicht gerne und nahmen lieber einen Umweg, und wenn ein Vater mit seinem Knaben an ihr vorüberging, so sprach er leise zu ihm: »Nimm dich in Acht vor der Alten, die hat's faustdick hinter den Ohren: es ist eine Hexe.«

Eines Morgens ging ein hübscher junger Mann durch den Wald. Die Sonne schien hell, die Vögel sangen, und ein kühles Lüftchen strich durch das Laub, und er war voll Freude und Lust. Noch war ihm kein Mensch begegnet, als er plötzlich die alte Hexe erblickte, die am Boden auf den Knien saß und Gras mit einer Sichel abschnitt. Eine ganze Last hatte sie schon in ihr Tragtuch geschoben, und daneben standen zwei Körbe, die mit wilden Birnen und Äpfeln angefüllt waren. »Aber, Mütterchen«, sprach er, »wie kannst du das alles fortschaffen?« »Ich muss sie tragen, lieber Herr«, antwortete sie, »reicher Leute Kinder brauchen es nicht. Aber beim Bauer heißt's

schau dich nicht um,
dein Buckel ist krumm.«

»Wollt ihr mir helfen?« sprach sie, als er bei ihr stehen blieb, »ihr habt noch einen geraden Rücken und junge Beine, es wird euch ein leich-

tes sein. Auch ist mein Haus nicht so weit von hier: hinter dem Berge
dort steht es auf einer Heide. Wie bald seid ihr da hinaufgesprungen.«
Der junge Mann empfand Mitleiden mit der Alten. »Zwar ist mein
Vater kein Bauer«, antwortete er, »sondern ein reicher Graf, aber damit
ihr seht, dass die Bauern nicht allein tragen können, so will ich euer
Bündel aufnehmen.« »Wollt ihr's versuchen«, sprach sie, »so soll mir's
lieb sein. Eine Stunde weit werdet ihr freilich gehen müssen, aber was
macht euch das aus! Dort die Äpfel und Birnen müsst ihr auch tragen.« Es kam dem jungen Grafen doch ein wenig bedenklich vor, als
er von einer Stunde Wegs hörte, aber die Alte ließ ihn nicht wieder
los, packte ihm das Tragtuch auf den Rücken und hing ihm die beiden
Körbe an den Arm. »Seht ihr, es geht ganz leicht«, sagte sie. »Nein es
geht nicht leicht«, antwortete der Graf und machte ein schmerzliches
Gesicht, »der Bündel drückt ja so schwer, als wären lauter Wackerstei-
ne darin, und die Äpfel und Birnen haben ein Gewicht, als wären sie
von Blei; ich kann kaum atmen.« Er hatte Lust, alles wieder abzulegen,
aber die Alte ließ es nicht zu. »Seht einmal«, sprach sie spöttisch, »der
junge Herr will nicht tragen, was ich alte Frau schon so oft fortgeschleppt habe. Mit schönen Worten sind sie bei der Hand, aber wenn's
ernst wird, so wollen sie sich aus dem Staub machen. Was steht ihr da«,
fuhr sie fort, »und zaudert, hebt die Beine auf. Es nimmt euch niemand den Bündel wieder ab.« Solange er auf ebener Erde ging, war's
noch auszuhalten, aber als sie an den Berg kamen und steigen mussten,
und die Steine hinter seinen Füßen hinabrollten, als wären sie leben-
dig, da ging's über seine Kräfte. Die Schweißtropfen standen ihm auf
der Stirne und liefen ihm bald heiß, bald kalt über den Rücken hinab.
»Mütterchen«, sagte er, »ich kann nicht weiter, ich will ein wenig ru-

hen.« »Nichts da«, antwortete die Alte, »wenn wir angelangt sind, so könnt ihr ausruhen, aber jetzt müsst ihr vorwärts. Wer weiß, wozu euch das gut ist.« »Alte, du wirst unverschämt«, sagte der Graf und wollte das Tragtuch abwerfen, aber er bemühte sich vergeblich: es hing so fest an seinem Rücken, als wenn es angewachsen wäre. Er drehte und wendete sich, aber er konnte es nicht wieder loswerden. Die Alte lachte dazu und sprang ganz vergnügt auf ihrer Krücke herum. »Erzürnt euch nicht, lieber Herr«, sprach sie, »ihr werdet ja so rot im Gesicht, wie ein Zinshahn. Tragt euern Bündel mit Geduld, wenn wir zu Hause angelangt sind, so will ich euch schon ein gutes Trinkgeld geben.« Was wollte er machen? Er musste sich in sein Schicksal fügen und geduldig hinter der Alten her schleichen. Sie schien immer flinker zu werden und ihm seine Last immer schwerer. Auf einmal tat sie einen Satz, sprang auf das Tragtuch und setzte sich oben darauf; wie zaundürre sie war, so hatte sie doch mehr Gewicht als die dickste Bauerndirne. Dem Jünglinge zitterten die Knie, aber wenn er nicht fortging, so schlug ihn die Alte mit einer Gerte und mit Brennnesseln auf die Beine. Unter beständigem Ächzen stieg er den Berg hinauf und langte endlich bei dem Haus der Alten an, als er eben niedersinken wollte. Als die Gänse die Alte erblickten, streckten sie die Flügel in die Höhe und die Hälse voraus, liefen ihr entgegen und schrien ihr »wulle, wulle«. Hinter der Herde mit einer Rute in der Hand ging eine bejahrte Trulle, stark und groß, aber hässlich wie die Nacht. »Frau Mutter«, sprach sie zur Alten, »ist euch etwas begegnet? Ihr seid so lange ausgeblieben.« »Bewahre, mein Töchterchen«, erwiderte sie, »mir ist nichts Böses begegnet, im Gegenteil, der liebe Herr da hat mir meine Last getragen; denk dir, als ich müde war, hat er mich selbst noch auf den Rücken genommen. Der Weg ist uns auch gar nicht lang geworden, wir sind lustig gewesen und haben immer Spaß miteinander gemacht.« Endlich rutschte die Alte herab, nahm dem jungen Mann den Bündel vom Rücken und die Körbe vom Arm, sah ihn ganz freundlich an und sprach: »Nun setzt Euch auf die Bank vor die Türe und ruht Euch aus. Ihr habt Euern Lohn redlich verdient, der soll auch nicht ausbleiben.« Dann sprach sie zu der Gänsehirtin: »Geh du ins Haus hinein, mein Töchterchen, es schickt sich nicht, dass du mit einem jungen Herrn allein bist, man muss nicht Öl ins Feuer

gießen; er könnte sich in dich verlieben.« Der Graf wusste nicht, ob er weinen oder lachen sollte. »Solch ein Schätzchen«, dachte er, »und wenn es dreißig Jahre jünger wäre, könnte doch mein Herz nicht rühren.« Indessen hätschelte und streichelte die Alte ihre Gänse wie Kinder und ging dann mit ihrer Tochter in das Haus. Der Jüngling

streckte sich auf die Bank unter einem wilden Apfel-
baum. Die Luft war lau und mild: ringsumher breite-
te sich eine grüne Wiese aus, die mit Himmelsschlüs-
seln, wildem Thymian und tausend andern Blumen
übersät war: mitten durch rauschte ein klarer Bach,
auf dem die Sonne glitzerte: und die weißen Gänse
gingen auf und ab spazieren oder pudelten sich im
Wasser. »Es ist recht lieblich hier«, sagte er, »aber ich
bin so müde, dass ich die Augen nicht aufbehalten
mag: ich will ein wenig schlafen. Wenn nur kein
Windstoß kommt und bläst mir meine Beine vom Leib weg, denn sie
sind mürb wie Zunder.«

Als er ein Weilchen geschlafen hatte, kam die Alte, und schüttelte
ihn wach. »Steh auf«, sagte sie, »hier kannst du nicht bleiben. Freilich
habe ich dir's sauer genug gemacht, aber das Leben hat's doch nicht

gekostet. Jetzt will ich dir deinen Lohn geben, Geld
und Gut brauchst du nicht, da hast du etwas anderes.«
Damit steckte sie ihm ein Büchslein in die Hand,
das aus einem einzigen Smaragd geschnitten war.
»Bewahr's wohl«, setzte sie hinzu, »es wird dir Glück
bringen.« Der Graf sprang auf, und da er fühlte, dass
er ganz frisch und wieder bei Kräften war, so dankte
er der Alten für ihr Geschenk und machte sich auf
den Weg, ohne nach dem schönen Töchterchen auch
nur einmal umzublicken. Als er schon eine Strecke
weg war, hörte er noch aus der Ferne das lustige Ge-
schrei der Gänse.

Der Graf musste drei Tage in der Wildnis herumirren, ehe er sich herausfinden konnte. Da kam er in eine große Stadt, und weil ihn niemand kannte, ward er in das königliche Schloss geführt, wo der König und die Königin auf dem Thron saßen. Der Graf ließ sich auf ein Knie nieder, zog das smaragdene Gefäß aus der Tasche und legte es der Königin zu Füßen. Sie hieß ihn aufstehen, und er musste ihr das Büchslein hinaufreichen. Kaum aber hatte sie es geöffnet und hineingeblickt, so fiel sie wie tot zur Erde. Der Graf ward von den Dienern des Königs festgehalten und sollte in das Gefängnis geführt werden, da schlug die Königin die Augen auf und rief sie sollten ihn freilassen, und jedermann sollte hinausgehen, sie wollte insgeheim mit ihm reden.

Als die Königin allein war, fing sie bitterlich an zu weinen und sprach: »Was hilft mir Glanz und Ehre, die mich umgeben, jeden Morgen erwache ich mit Sorgen und Kummer. Ich habe drei Töchter gehabt, davon war die jüngste so schön, dass sie alle Welt für ein Wunder hielt. Sie war so weiß wie Schnee, so rot wie Apfelblüte, und ihr Haar so glänzend wie Sonnenstrahlen. Wenn sie weinte, so fielen nicht Tränen aus ihren Augen, sondern lauter Perlen und Edelsteine. Als sie fünfzehn Jahr alt war, da ließ der König alle drei Schwestern vor seinen Thron kommen. Da hättet Ihr sehen sollen, was die Leute für Augen machten, als die jüngste eintrat, es war, als wenn die Sonne aufging. Der König sprach: ›Meine Töchter, ich weiß nicht wann mein letzter Tag kommt, ich will heute bestimmen, was eine jede nach meinem Tode erhalten soll. Ihr alle habt mich lieb, aber welche mich von euch am liebsten hat, die soll das beste haben.‹ Jede sagte, sie hätte ihn am liebsten. ›Könnt ihr mir's nicht ausdrücken‹, erwiderte der König, ›wie lieb ihr mich habt? Daran werde ich's sehen wie ihr's meint.‹ Die älteste sprach: ›Ich habe den Vater so lieb wie den süßesten Zucker.‹ Die zweite ›ich habe den Vater so lieb wie mein schönstes Kleid.‹ Die jüngste aber schwieg. Da fragte der Vater: ›Und du, mein liebstes Kind, wie lieb hast du mich?‹ ›Ich weiß es nicht‹, antwortete sie, ›und kann meine Liebe mit nichts vergleichen.‹ Aber der Vater bestand darauf, sie müsste etwas nennen. Da sagte sie endlich: ›Die beste Speise schmeckt mir nicht ohne Salz, darum habe ich den Vater so lieb wie Salz.‹ Als der König das hörte, geriet er in Zorn und sprach: ›Wenn du mich so liebst als Salz, so soll deine Liebe auch mit Salz belohnt werden.‹ Da teilte er das Reich zwischen den beiden ältesten, der jüngsten aber ließ er einen Sack mit Salz auf den Rücken binden, und zwei Knechte mussten sie hinaus in den wilden Wald führen. Wir haben alle für sie gefleht und gebeten«, sagte die Königin, »aber der Zorn des Königs war nicht zu erweichen. Wie hat sie geweint, als sie uns verlassen musste! Der ganze Weg ist mit Perlen besät worden, die ihr aus den Augen geflossen sind. Den König hat bald hernach seine große Härte gereut und hat das arme Kind in dem ganzen Wald suchen lassen, aber niemand konnte sie finden. Wenn ich denke, dass sie die wilden Tiere gefressen haben, so weiß ich mich vor Traurigkeit nicht zu fassen; manchmal tröste ich mich mit der Hoffnung, sie sei noch am Leben und habe sich in einer Höhle versteckt oder bei mitleidigen Menschen Schutz gefunden. Aber stellt Euch vor, als ich Euer Smaragdbüchslein aufmachte, so lag eine Perle darin, gerade der Art, wie sie meiner Tochter aus den Augen geflossen sind, und da könnt ihr Euch vorstellen, wie mir der Anblick das Herz bewegt hat. Ihr sollt mir sagen, wie Ihr zu der Perle gekommen seid.« Der Graf erzählte ihr dass er sie von der Alten im Walde erhalten hätte, die ihm nicht geheuer vorgekommen wäre, und

eine Hexe sein müsste; von ihrem Kinde aber hätte er nichts gehört und gesehen. Der König und die Königin fassten den Entschluss, die Alte aufzusuchen; sie dachten, wo die Perle gewesen wäre, da müssten sie auch Nachricht von ihrer Tochter finden.

Die Alte saß draußen in der Einöde bei ihrem Spinnrad und spann. Es war schon dunkel geworden, und ein Span, der unten am Herd brannte, gab ein sparsames Licht. Auf einmal ward's draußen laut, die Gänse kamen heim von der Weide und ließen ihr heiseres Gekreisch hören. Bald hernach trat auch die Tochter herein. Aber die Alte dankte ihr kaum und schüttelte nur ein wenig mit dem Kopf. Die Tochter setzte sich zu ihr nieder, nahm ihr Spinnrad und drehte den Faden so flink wie ein junges Mädchen. So saßen beide zwei Stunden, und sprachen kein Wort miteinander. Endlich raschelte etwas am Fenster und zwei feurige Augen glotzten herein. Es war eine alte Nachteule, die dreimal »uhu« schrie. Die Alte schaute nur ein wenig in die Höhe, dann sprach sie: »Jetzt ist's Zeit, Töchterchen, dass du hinausgehst, tu deine Arbeit.«

Sie stand auf und ging hinaus. Wo ist sie denn hingegangen? Über die Wiesen immer weiter bis in das Tal. Endlich kam sie zu einem Brunnen, bei dem drei alte Eichbäume standen. Der Mond war indessen rund und groß über dem Berg aufgestiegen, und es war so hell, dass man eine Stecknadel hätte finden können. Sie zog eine Haut ab, die auf ihrem Gesicht lag, bückte sich dann zu dem Brunnen und fing an sich zu waschen. Als sie fertig war, tauchte sie auch die Haut in das Wasser, und legte sie dann auf die Wiese, damit sie wieder im Mondschein bleichen und trocknen sollte. Aber wie war das

Mädchen verwandelt! So was habt ihr nie gesehen! Als der graue Zopf abfiel, da quollen die goldenen Haare wie Sonnenstrahlen hervor und breiteten sich, als wär's ein Mantel, über ihre ganze Gestalt. Nur die Augen blitzten heraus, so glänzend wie die Sterne am Himmel, und die Wangen schimmerten in sanfter Röte wie die Apfelblüte.

Aber das schöne Mädchen war traurig. Es setzte sich nieder und weinte bitterlich. Eine Träne nach der andern drang aus seinen Augen und rollte zwischen den langen Haaren auf den Boden. So saß es da und wäre lang sitzen geblieben, wenn es nicht in den Ästen des nahestehenden Baumes geknittert und gerauscht hätte. Sie sprang auf wie ein Reh, das den Schuss des Jägers vernimmt. Der Mond ward gerade von einer schwarzen Wolke bedeckt, und im Augenblick war das Mädchen wieder in die alte Haut geschlüpft und verschwand wie ein Licht, das der Wind ausbläst.

Zitternd wie ein Espenlaub lief sie zu dem Haus zurück. Die Alte stand vor der Türe, und das Mädchen wollte ihr erzählen, was ihm begegnet war, aber die Alte lachte freundlich und sagte: »Ich weiß schon alles.« Sie führte es in die Stube und zündete einen neuen Span an. Aber sie setzte sich nicht wieder zu dem Spinnrad, sondern sie holte einen Besen und fing an zu kehren und zu scheuern. »Es muss alles rein und sauber sein«, sagte sie zu dem Mädchen. »Aber, Mutter«, sprach das Mädchen, »warum fangt Ihr in so später Stunde die Arbeit an? Was habt Ihr vor?« »Weißt du denn

welche Stunde es ist?« fragte die Alte. »Noch nicht Mitternacht«, antwortete das Mädchen, »aber schon elf Uhr vorbei.« »Denkst du nicht daran«, fuhr die Alte fort, »dass du heute vor drei Jahren zu mir gekommen bist? Deine Zeit ist aus, wir können nicht länger beisammen bleiben.« Das Mädchen erschrak und sagte »Ach, liebe Mutter, wollt ihr mich verstoßen? Wo soll ich hin? Ich habe keine Freunde und keine Heimat, wohin ich mich wenden kann. Ich habe alles getan, was Ihr verlangt habt, und Ihr seid immer zufrieden mit mir gewesen: schickt mich nicht fort.« Die Alte wollte dem Mädchen nicht sagen, was ihm bevorstand. »Meines Bleibens ist nicht länger hier«, sprach sie zu ihm, »wenn ich aber ausziehe, muss Haus und Stube sauber sein: darum halt mich nicht auf in meiner Arbeit. Deinetwegen sei ohne Sorgen, du sollst ein Dach finden, unter dem du wohnen kannst, und mit dem Lohn, den ich dir geben will, wirst du auch zufrieden sein.« »Aber sagt mir nur, was ist vor?« fragte das Mädchen weiter. »Ich sage dir nochmals, störe mich nicht in meiner Arbeit. Rede kein Wort weiter, geh in deine Kammer, nimm die Haut vom Gesicht und zieh das seidene Kleid an, das du trugst, als du zu mir kamst, und dann harre in deiner Kammer, bis ich dich rufe.«

Aber ich muss wieder von dem König und der Königin erzählen, die mit dem Grafen ausgezogen waren und die Alte in der Einöde aufsuchen wollten. Der Graf war nachts in dem Walde von ihnen abgekommen und musste allein weiter gehen. Am andern Tag kam es ihm vor, als befände er sich auf dem rechten Weg. Er ging immerfort, bis die Dunkelheit einbrach, da stieg er auf einen Baum und wollte da übernachten, denn er war besorgt er möchte sich

verirren. Als der Mond die Gegend erhellte, so erblickte er eine Gestalt, die den Berg herabwandelte. Sie hatte keine Rute in der Hand, aber er konnte doch sehen, dass es die Gänsehirtin war, die er früher bei dem Haus der Alten gesehen hatte. »Oho!« rief er, »da kommt sie, und habe ich erst die eine Hexe, so soll mir die andere auch nicht entgehen.« Wie erstaunte er aber, als sie zu dem Brunnen trat, die Haut ablegte und sich wusch, als die goldenen Haare über sie herabfielen, und sie so schön war, wie er noch niemand auf der Welt gesehen hatte. Kaum, dass er zu atmen wagte, aber er streckte den Hals zwischen dem Laub so weit vor, als er nur konnte, und schaute sie mit unverwandten Blicken an. Ob er sich zu weit überbog, oder was sonst Schuld war, plötzlich krachte der Ast, und in demselben

Augenblick schlüpfte das Mädchen in die Haut, sprang wie ein Reh davon, und da der Mond sich zugleich bedeckte, so war sie seinen Blicken entzogen.

Kaum war sie verschwunden, so stieg der Graf von dem Baum herab und eilte ihr mit behenden Schritten nach. Er war noch nicht lange gegangen, so sah er in der Dämmerung zwei Gestalten über die Wiese wandeln. Es war der König und die Königin, die hatten aus der Ferne das Licht in dem Häuschen der Alten erblickt und waren drauf zugegangen. Der Graf erzählte ihnen was er für Wunderdinge bei dem Brunnen gesehen hätte, und sie zweifelten nicht, dass das ihre verlorene Tochter gewesen wäre. Voll Freude gingen sie weiter und kamen bald bei dem Häuschen an: die Gänse saßen ringsherum, hatten den Kopf in die Flügel gesteckt und schliefen, und keine regte sich nicht. Sie schauten zum Fenster hinein, da saß die Alte ganz still und spann, nickte mit dem Kopf und sah sich nicht um. Es war ganz sauber in der Stube, als wenn da die kleinen Nebelmännlein wohnten, die keinen Staub auf den Füßen tragen. Ihre Tochter aber sahen sie nicht. Sie schauten das alles eine Zeitlang an, endlich fassten sie ein Herz und klopften leise ans Fenster. Die Alte schien sie erwartet zu haben, sie stand auf und rief ganz freundlich: »Nur herein, ich kenne euch schon.« Als sie in die Stube eingetreten waren, sprach die Alte: »Den weiten Weg hättet ihr euch sparen können, wenn ihr euer Kind, das so gut und liebreich ist, nicht vor drei Jahren ungerechterweise verstoßen hättet. Ihr hat's nichts geschadet, sie hat drei Jahre lang die Gänse hüten müssen: sie hat nichts Böses dabei gelernt, sondern ihr reines Herz behalten. Ihr aber seid durch die Angst, in der ihr gelebt habt, hinlänglich gestraft.« Dann ging sie an die Kammer und rief: »Komm heraus, mein Töchterchen.« Da ging die Türe auf, und die Königstochter trat heraus in ihrem seidenen Gewand mit ihren goldenen Haaren und ihren leuchtenden Augen, und es war, als ob ein Engel vom Himmel käme.

Sie ging auf ihren Vater und ihre Mutter zu, fiel ihnen um den Hals und küsste sie: es war nicht anders, sie mussten alle vor Freude weinen. Der junge Graf stand neben ihnen, und als sie ihn erblickte, ward sie so rot im Gesicht wie eine Moosrose; sie wusste selbst nicht, warum. Der König sprach: »Liebes Kind, mein Königreich habe ich verschenkt, was soll ich dir geben?« »Sie braucht nichts«, sagte die Alte, »ich schenke ihr die Tränen, die sie um euch geweint hat, das sind lauter Perlen, schöner als sie im Meer gefunden werden, und sind mehr wert als euer ganzes Königreich. Und zum Lohn für ihre Dienste gebe ich ihr mein Häuschen.« Als die Alte das gesagt hatte, verschwand sie vor ihren Augen. Es knatterte ein wenig in den Wänden, und als sie sich umsahen, war das Häuschen in einen prächtigen Palast verwandelt, und eine königliche Tafel war gedeckt, und die Bedienten liefen hin und her.

Die Geschichte geht noch weiter, aber meiner Großmutter, die sie mir erzählt hat, war das Gedächtnis schwach geworden: sie hatte das übrige vergessen. Ich glaube immer, die schöne Königstochter ist mit dem Grafen vermählt worden, und sie sind zusammen in dem Schloss geblieben und haben da in aller Glückseligkeit gelebt, solange Gott wollte. Ob die schneeweißen Gänse, die bei dem Häuschen gehütet wurden, lauter Mädchen waren (es braucht's niemand übel zu nehmen), welche die Alte zu sich genommen hatte, und ob sie jetzt ihre menschliche Gestalt wieder erhielten und als Dienerinnen bei der jungen Königin blieben, das weiß ich nicht genau, aber ich vermute es doch. So viel ist gewiss, dass die Alte keine Hexe war, wie die Leute glaubten, sondern eine weise Frau, die es gut meinte. Wahrscheinlich ist sie es auch gewesen, die der Königstochter schon bei der Geburt die Gabe verliehen hat, Perlen zu weinen statt der Tränen. Heutzutage kommt das nicht mehr vor, sonst könnten die Armen bald reich werden.

Die Geschenke des kleinen Volkes

in Schneider und ein Goldschmied wanderten zusammen und vernahmen eines Abends, als die Sonne hinter die Berge gesunken war, den Klang einer fernen Musik, die immer deutlicher ward; sie tönte ungewöhnlich aber so anmutig, dass sie aller Müdigkeit vergaßen und rasch weiterschritten. Der Mond war schon aufgestiegen, als sie zu einem Hügel gelangten, auf dem sie eine Menge kleiner Männer und Frauen erblickten, die sich bei den Händen gefasst hatten, und mit größter Lust und Freudigkeit im Tanze herumwirbelten: sie sangen dazu auf das lieblichste; und das war die Musik, die die Wanderer gehört hatten. In der Mitte saß ein Alter, der etwas größer war als die übrigen, der einen buntfarbigen Rock trug und dem ein eisgrauer Bart über die Brust herabhing. Die beiden blieben voll Verwunderung stehen und sahen dem Tanz zu. Der Alte winkte, sie sollten eintreten, und das kleine Volk öffnete bereitwillig seinen Kreis. Der Goldschmied, der einen Höcker hatte und wie alle Buckeligen keck genug war, trat herzu: der Schneider empfand zuerst einige Scheu und hielt sich zurück, doch als er sah, wie es so lustig herging, fasste er sich ein Herz und kam nach. Alsbald schloss sich der Kreis wieder und die Kleinen sangen und tanzten in den wildesten Sprüngen weiter, der Alte aber nahm ein breites Messer, das an seinem Gürtel hing, wetzte es und als es hinlänglich geschärft war, blickte er sich nach den Fremdlingen um. Es ward ihnen angst, aber sie hatten nicht lange Zeit sich zu besinnen, der Alte packte den Goldschmied und schor in der größten Geschwindigkeit ihm Haupthaar und Bart glatt hinweg; ein gleiches geschah hierauf dem Schneider. Doch ihre Angst verschwand, als der Alte nach vollbrachter Arbeit beiden freundlich auf die Schulter klopfte, als wollte er sagen, sie hätten es gut gemacht, dass sie ohne Sträuben alles willig hätten geschehen lassen. Er zeigte mit dem Finger auf einen Haufen Kohlen, der zur Seite lag, und deutete ihnen durch Gebärden an dass sie ihre Taschen damit füllen sollten. Beide gehorchten, obgleich sie nicht wussten, wozu ihnen die Kohlen dienen sollten, und gingen dann weiter, um ein Nachtlager zu suchen. Als sie ins Tal gekommen waren, schlug die Glocke des benachbarten Klosters zwölf Uhr: augenblicklich verstummte der Gesang, alles war verschwunden und der Hügel lag in einsamem Mondschein.

Die beiden Wanderer fanden eine Herberge und deckten sich auf dem Strohlager mit ihren Röcken zu, vergaßen aber wegen ihrer Müdigkeit die Kohlen zuvor herauszunehmen. Ein schwerer Druck auf ihren Gliedern weckte sie früher als gewöhnlich. Sie griffen in die Taschen und wollten ihren Augen nicht trauen, als sie sahen, dass sie nicht mit Kohlen, sondern mit reinem Gold angefüllt waren; auch Haupthaar und Bart war glücklich wieder in aller Fülle vorhanden. Sie waren nun reiche Leute geworden, doch besaß der Goldschmied, der seiner habgierigen Natur gemäß die Taschen besser gefüllt hatte, noch einmal so viel als der Schneider. Ein Habgieriger, wenn er viel hat, verlangt noch mehr, der Goldschmied machte dem Schneider den Vorschlag, noch einen Tag zu verweilen, am Abend wieder hinauszugehen, um sich bei dem Alten auf dem Berge noch größere Schätze zu holen. Der Schneider wollte nicht und sagte: »Ich habe genug und bin zufrieden: jetzt werde ich Meister, heirate meinen angenehmen Gegenstand (wie er seine Liebste nannte) und bin ein glücklicher Mann.« Doch wollte er, ihm zu Gefallen, den Tag noch bleiben. Abends hing der Goldschmied noch ein paar Taschen über die Schulter, um recht einsacken zu können, und machte sich auf den Weg zu dem Hügel. Er fand, wie in der vorigen Nacht, das kleine Volk bei Gesang und Tanz, der Alte schor ihn abermals glatt und deutete ihm an Kohlen mitzunehmen. Er zögerte nicht einzustecken, was nur in seine Taschen gehen wollte, kehrte ganz glückselig heim und deckte sich mit dem Rock zu. »Wenn das Gold auch drückt«, sprach er, »ich will das schon ertragen«, und schlief endlich mit dem süßen Vorgefühl ein, Morgen als steinreicher Mann zu erwachen. Als er die Augen öffnete, erhob er sich schnell, um die Taschen zu untersuchen, aber wie erstaunte er, als

er nichts herauszog als schwarze Kohlen, er mochte so oft hineingreifen als er wollte. »Noch bleibt mir das Gold, das ich die Nacht vorher gewonnen habe«, dachte er und holte es herbei, aber wie erschrak er, als er sah, dass es ebenfalls wieder zu Kohle geworden war. Er schlug sich mit der schwarzbestäubten Hand an die Stirne, da fühlte er, dass der ganze Kopf kahl und glatt war wie der Bart. Aber sein Missgeschick war noch nicht zu Ende, er merkte erst jetzt dass ihm zu dem Höcker auf dem Rücken noch ein zweiter ebensogroßer vorn auf der Brust gewachsen war. Da erkannte er die Strafe seiner Habgier und begann laut zu weinen. Der gute Schneider, der davon aufgeweckt ward, tröstete den Unglücklichen so gut es gehen wollte und sprach: »Du bist mein Geselle auf der Wanderschaft gewesen, du sollst bei mir bleiben und mit von meinem Schatz zehren.« Er hielt Wort, aber der arme Goldschmied musste sein Lebtag die beiden Höcker tragen und seinen kahlen Kopf mit einer Mütze bedecken.

Der Teufel mit den drei goldenen Haaren

s war einmal eine arme Frau, die gebar ein Söhnlein, und weil es eine Glückshaut umhatte, als es zur Welt kam, so ward ihm geweissagt, es werde im vierzehnten Jahr die Tochter des Königs zur Frau haben. Es trug sich zu, dass der König bald darauf ins Dorf kam, und niemand wusste dass es der König war, und als er die Leute fragte, was es neues gäbe, so antworteten sie: »Es ist in diesen Tagen ein Kind mit einer Glückshaut geboren: was so einer unternimmt, das schlägt ihm zum Glück aus. Es ist ihm auch vorausgesagt, in seinem vierzehnten Jahre solle er die Tochter des Königs zur Frau haben.«

Der König, der ein böses Herz hatte und über die Weissagung sich ärgerte, ging zu den Eltern, tat ganz freundlich und sagte: »Ihr armen Leute, überlasst mir euer Kind, ich will es versorgen.« Anfangs weigerten sie sich, da aber der fremde Mann schweres Gold dafür bot, und sie dachten: »Es ist ein Glückskind, es muss doch zu seinem Besten ausschlagen«, so willigten sie endlich ein und gaben ihm das Kind.

Der König legte es in eine Schachtel und ritt damit weiter bis er zu einem tiefen Wasser kam: da warf er die Schachtel hinein und dachte: »Von dem unerwarteten Freier habe ich meine Tochter geholfen.« Die Schachtel aber ging nicht unter, sondern schwamm wie ein Schiffchen, und es drang auch kein Tröpfchen Wasser hinein. So schwamm sie bis zwei Meilen von des Königs Hauptstadt, wo eine Mühle war, an dessen Wehr sie hängenblieb. Ein Mahlbursche, der glücklicherweise da stand und sie bemerkte, zog sie mit einem Haken heran und meinte große Schätze zu finden, als er sie aber aufmachte, lag ein schöner Knabe darin, der ganz frisch und munter war. Er brachte ihn zu den Müllersleuten, und weil diese keine Kinder hatten, freuten sie sich und sprachen »Gott hat es uns beschert.« Sie pflegten den Fündling wohl, und er wuchs in allen Tugenden heran.

Es trug sich zu, dass der König einmal bei einem Gewitter in die Mühle trat und die Müllersleute fragte, ob der große Junge ihr Sohn wäre. »Nein«, antworteten sie, »es ist ein Fündling, er ist vor vierzehn Jahren in einer Schachtel ans Wehr geschwommen, und der Mahlbursche hat ihn aus dem Wasser gezogen.« Da merkte der König, dass es niemand anders, als das Glückskind war, das er ins Wasser geworfen hatte, und sprach: »Ihr guten Leute, könnte der Junge nicht einen Brief an die Frau Königin bringen, ich will ihm zwei Goldstücke zum Lohn geben?« »Wie der Herr König gebietet«, antworteten die Leute, und hießen den Jungen sich bereit halten. Da schrieb der König einen Brief an die Königin, worin stand: »Sobald der Knabe mit diesem Schreiben angelangt ist, soll er getötet und begraben werden, und das alles soll geschehen sein, ehe ich zurückkomme.«

Der Knabe machte sich mit diesem Briefe auf den Weg, verirrte sich aber und kam abends in einen großen Wald. In der Dunkelheit sah er ein kleines Licht, ging darauf zu und gelangte zu einem Häuschen. Als er hineintrat, saß eine alte Frau beim Feuer ganz allein. Sie erschrak, als sie den Knaben erblickte und sprach: »Wo kommst du her und wo willst du hin?« »Ich komme von der Mühle«, antwortete er, »und will zur Frau Königin, der ich einen Brief bringen soll: weil ich mich aber in dem Walde verirrt habe, so wollte ich hier gerne übernachten.« »Du armer Junge«, sprach die Frau, »du bist in ein Räuberhaus geraten, und wenn sie heimkommen, so bringen sie dich um.« »Mag kommen wer will«, sagte der Junge, »ich fürchte mich nicht: ich bin aber so müde, dass ich nicht weiterkann«, streckte sich auf eine Bank und schlief ein. Bald hernach kamen die Räuber und fragten zornig, was da für ein fremder Knabe läge. »Ach«, sagte die Alte, »es ist ein unschuldiges Kind, es hat sich im Walde verirrt, und ich habe ihn aus Barmherzigkeit aufgenommen: er soll einen Brief an die Frau Königin bringen.« Die Räuber erbrachen den Brief und lasen ihn, und es stand darin, dass der Knabe sogleich, wie er ankäme, sollte ums Leben gebracht werden. Da empfanden die hartherzigen Räuber Mitleid, und der Anführer zerriss den Brief und schrieb einen andern, und es stand darin, sowie der Knabe ankäme, sollte er sogleich mit der Königstochter vermählt werden. Sie ließen ihn dann ruhig bis zum andern Morgen auf der Bank liegen, und als er aufgewacht war, gaben sie ihm den Brief und zeigten ihm den rechten Weg. Die Königin aber, als sie den Brief empfangen und gelesen hatte, tat wie darin stand, hieß ein prächtiges Hochzeitsfest anstellen, und die Königstochter ward mit dem Glückskind vermählt; und da der Jüngling schön und freundlich war, so lebte sie vergnügt und zufrieden mit ihm.

Nach einiger Zeit kam der König wieder in sein Schloss und sah dass die Weissagung erfüllt und das Glückskind mit seiner Tochter vermählt war. »Wie ist das zugegangen?« sprach er, »ich habe in meinem Brief einen ganz andern Befehl erteilt.« Da reichte ihm die Königin den Brief und sagte, er möchte selbst sehen, was darin stände. Der König las den Brief und merkte wohl, dass er mit einem andern war vertauscht worden. Er fragte den Jüngling wie es mit dem anvertrauten Briefe zugegangen wäre, warum er einen andern dafür gebracht hätte. »Ich

weiß von nichts«, antwortete er, »er muss mir in der Nacht vertauscht sein, als ich im Walde geschlafen habe.« Voll Zorn sprach der König: »So leicht soll es dir nicht werden, wer meine Tochter haben will, der muss mir aus der Hölle drei goldene Haare von dem Haupte des Teufels holen; bringst du mir was ich verlange, so sollst du meine Tochter behalten.« Damit hoffte der König ihn auf immer loszuwerden. Das Glückskind aber antwortete: »Die goldenen Haare will ich wohl holen, ich fürchte mich vor dem Teufel nicht.« Darauf nahm er Abschied und begann seine Wanderschaft.

Der Weg führte ihn zu einer großen Stadt, wo ihn der Wächter an dem Tore ausfragte, was für ein Gewerbe er verstände und was er wüsste. »Ich weiß alles«, antwortete das Glückskind. »So kannst du uns einen Gefallen tun«, sagte der Wächter, »wenn du uns sagst, warum unser Marktbrunnen, aus dem sonst Wein quoll, trocken geworden ist und nicht einmal mehr Wasser gibt.« »Das sollt ihr erfahren«, antwortete er, »wartet nur, bis ich wiederkomme.« Da ging er weiter und kam vor eine andere Stadt, da fragte der Torwächter wiederum, was für ein Gewerb er verstünde und was er wüsste. »Ich weiß alles«, antwortete er. »So kannst du uns einen Gefallen tun und uns sagen, warum ein Baum in unserer Stadt, der sonst goldene Äpfel trug, jetzt nicht einmal Blätter hervortreibt.« »Das sollt ihr erfahren«, antwortete er, »wartet nur, bis ich wiederkomme.« Da ging er weiter und kam an ein großes Wasser, über das er hinübermusste. Der Fährmann fragte ihn, was er für ein Gewerb verstände und was er wüsste. »Ich weiß alles«, antwortete er. »So kannst du mir einen Gefallen tun«, sprach der Fährmann, »und mir sagen, warum ich immer hin und her fahren muss und niemals abgelöst werde?«

»Das sollst du erfahren«, antwortete er, »warte nur, bis ich wiederkomme.«

Als er über das Wasser hinüber war, so fand er den Eingang zur Hölle. Es war schwarz und rußig darin, und der Teufel war nicht zuhaus, aber seine Ellermutter saß da in einem breiten Sorgenstuhl. »Was willst du?« sprach sie zu ihm, sah aber gar nicht so böse aus. »Ich wollte gerne drei goldene Haare von des Teufels Kopf«, antwortete er, »sonst kann ich meine Frau nicht behalten.« »Das ist viel verlangt«, sagte sie, »wenn der Teufel heimkommt und findet dich, so geht dir's an den Kragen; aber du dauerst mich, ich will sehen, ob ich dir helfen kann.« Sie verwandelte ihn in eine Ameise und sprach: »Kriech in meine Rockfalten, da bist du sicher.« »Ja« antwortete er, »das ist schon gut, aber drei Dinge möcht ich gerne noch wissen, warum ein Brunnen, aus dem sonst Wein quoll, trocken geworden ist, jetzt nicht einmal mehr Wasser gibt: warum ein Baum, der sonst goldene Äpfel trug, nicht einmal mehr Laub treibt, und warum ein Fährmann immer herüber und hinüber fahren muss und nicht abgelöst wird.« »Das sind schwere Fragen«, antwortete sie, »aber halte dich nur still und ruhig und hab acht, was der Teufel spricht, wann ich ihm die drei goldenen Haare ausziehe.«

Als der Abend einbrach, kam der Teufel nach Haus. Kaum war er eingetreten, so merkte er, dass die Luft nicht rein war. »Ich rieche rieche Menschenfleisch«, sagte er, »es ist hier nicht richtig.« Dann guckte er in alle Ecken, und suchte, konnte aber nichts finden. Die Ellermutter schalt ihn aus: »Eben ist erst gekehrt«, sprach sie, »und alles in Ordnung gebracht, nun wirfst du mir's wieder untereinander; immer hast du Menschenfleisch in der Nase! Setze dich nieder und iss dein Abendbrot.« Als er gegessen und getrunken hatte, war er müde, legte der Ellermutter seinen Kopf in den Schoß und sagte, sie sollte ihn ein wenig lausen. Es dauerte nicht lange, so schlummerte er ein, blies und schnarchte. Da fasste die Alte ein goldenes Haar, riss es aus und legte es neben sich. »Autsch!« schrie der Teufel, »was hast du vor?« »Ich habe einen schweren Traum gehabt«, antwortete die Ellermutter, »da hab ich dir in die Haare gefasst.« »Was hat dir denn geträumt?« fragte der Teufel. »Mir hat geträumt, ein Marktbrunnen, aus dem sonst Wein quoll, sei versiegt, und es habe nicht einmal Wasser daraus quellen wollen, was ist wohl schuld daran?« »He, wenn sie's wüssten!« antwortete der Teufel, »es sitzt eine Kröte unter einem Stein im Brunnen, wenn sie die töten, so wird der Wein schon wieder fließen.« Die Ellermutter lauste ihn wieder, bis er einschlief und schnarchte, dass die Fenster zitterten. Da riss sie ihm das zweite Haar aus. »Hu! Was machst du?« schrie der Teufel zornig. »Nimm's nicht übel«, antwortete sie, »ich habe es im Traum getan.« »Was hat dir wieder geträumt?« fragte er. »Mir hat geträumt in einem Königreiche ständ ein Obstbaum, der hätte sonst goldene Äpfel getragen und wollte jetzt nicht einmal Laub treiben. Was war wohl die Ursache davon?« »He, wenn sie's wüssten!« antwortete der Teufel, »an der Wurzel nagt eine Maus, wenn sie die töten, so wird er schon wieder goldene Äpfel tragen, nagt sie aber noch länger, so verdorrt der Baum gänzlich. Aber lass mich mit deinen Träumen in Ruhe, wenn du mich noch einmal im Schlafe störst, so kriegst du eine Ohrfeige.« Die Ellermutter sprach ihm gut zu, und lauste ihn wieder bis er eingeschlafen war und schnarchte. Da fasste sie das dritte goldene Haar und riss es ihm aus. Der Teufel fuhr in die Höhe, schrie und wollte übel mit

ihr wirtschaften, aber sie besänftigte ihn nochmals und sprach: »Wer kann für böse Träume!« »Was hat dir denn geträumt?« fragte er und war doch neugierig. »Mir hat von einem Fährmann geträumt, der sich beklagte, dass er immer hin und her fahren müsste, und nicht abgelöst würde. Was ist wohl schuld?« »He, der Dummbart!« antwortete der Teufel, »wenn einer kommt und will überfahren, so muss er ihm die Stange in die Hand geben, dann muss der andere überfahren und er ist frei.« Da die Ellermutter ihm die drei goldenen Haare ausgerissen hatte und die drei Fragen beantwortet waren, so ließ sie den alten Drachen in Ruhe, und er schlief bis der Tag anbrach.

Als der Teufel wieder fortgezogen war, holte die Alte die Ameise aus der Rockfalte und gab dem Glückskind die menschliche Gestalt zurück. »Da hast du die drei goldenen Haare«, sprach sie, »was der Teufel zu deinen drei Fragen gesagt hat, wirst du wohl gehört haben.« »Ja«, antwortete er, »ich habe es gehört und will's wohl behalten.« »So ist dir geholfen«, sagte sie, »und nun kannst du deiner Wege ziehen.« Er bedankte sich bei der Alten für die Hilfe in der Not, verließ die Hölle und war vergnügt, dass ihm alles so wohl geglückt war. Als er zu dem Fährmann kam, sollte er ihm die versprochene Antwort geben. »Fahr mich erst hinüber«, sprach das Glückskind, »so will ich dir sagen, wie du erlöst wirst«, und als er auf dem jenseitigen Ufer angelangt war, gab er ihm des Teufels Rat: »Wenn wieder einer kommt, und will übergefahren sein, so gib ihm nur die Stange in die Hand.« Er ging weiter und kam zu der Stadt, worin der unfruchtbare Baum stand, und wo der Wächter auch Antwort haben wollte. Da sagte er ihm, wie er vom Teufel gehört hatte: »Tötet die Maus, die an seiner Wurzel nagt, so wird er wieder goldene Äpfel tragen.« Da dankte ihm der

Wächter und gab ihm zur Belohnung zwei mit Gold beladene Esel, die mussten ihm nachfolgen. Zuletzt kam er zu der Stadt, deren Brunnen versiegt war. Da sprach er zu dem Wächter, wie der Teufel gesprochen hatte: »Es sitzt eine Kröte im Brunnen unter einem Stein, die müsst ihr aufsuchen und töten, so wird er wieder reichlich Wein geben.« Der Wächter dankte und gab ihm ebenfalls zwei mit Gold beladene Esel.

Endlich langte das Glückskind daheim bei seiner Frau an, die sich herzlich freute als sie ihn wiedersah und hörte wie wohl ihm alles gelungen war. Dem König brachte er was er verlangt hatte, die drei goldenen Haare des Teufels, und als dieser die vier Esel mit dem Golde sah, ward er ganz vergnügt und sprach: »Nun sind alle Bedingungen erfüllt und du kannst meine Tochter behalten. Aber, lieber Schwiegersohn, sage mir doch woher ist das viele Gold? Das sind ja gewaltige Schätze!« »Ich bin über einen Fluss gefahren«, antwortete er, »und da habe ich es mitgenommen, es liegt dort statt des Sandes am Ufer.« »Kann ich mir auch davon holen?« sprach der König und war ganz begierig. »So viel ihr nur wollt«, antwortete er, »es ist ein Fährmann auf dem Fluss, von dem lasst euch überfahren, so könnt ihr drüben eure Säcke füllen.« Der habsüchtige König machte sich in aller Eile auf den Weg, und als er zu dem Fluss kam, so winkte er dem Fährmann, der sollte ihn übersetzen. Der Fährmann kam und hieß ihn einsteigen, und als sie an das jenseitige Ufer kamen, gab er ihm die Ruderstange in die Hand und sprang

davon. Der König aber musste von nun an fahren zur Strafe für seine Sünden.

»Fährt er wohl noch?« »Was denn? es wird ihm niemand die Stange abgenommen haben.«

Der Mond

orzeiten gab es ein Land, wo die Nacht immer dunkel und der Himmel wie ein schwarzes Tuch darüber gebreitet war, denn es ging dort niemals der Mond auf, und kein Stern blinkte in der Finsternis. Bei Erschaffung der Welt hatte das nächtliche Licht nicht ausgereicht. Aus diesem Land gingen einmal vier Bursche auf die Wanderschaft und gelangten in ein anderes Reich, wo abends, wenn die Sonne hinter den Bergen verschwunden war, auf einem Eichbaum eine leuchtende Kugel stand, die weit und breit ein sanftes Licht ausgoss. Man konnte dabei alles wohl sehen und unterscheiden, wenn es auch nicht so glänzend wie die Sonne war. Die Wanderer standen still und fragten einen Bauer, der da mit seinem Wagen vorbeifuhr, was das für ein Licht sei. »Das ist der Mond«, antwortete dieser, »unser Schultheiß hat ihn für drei Taler gekauft und an den Eichbaum befestigt. Er muss täglich Öl aufgießen und ihn rein erhalten, damit er immer hell brennt. Dafür erhält er von uns wöchentlich einen Taler.«

Als der Bauer weggefahren war, sagte der eine von ihnen »diese Lampe könnten wir brauchen, wir haben daheim einen Eichbaum, der eben so groß ist, daran können wir sie hängen. Was für eine Freude, wenn wir Nachts nicht in der Finsternis herumtappen!« »Wisst ihr was?« sprach der zweite, »wir wollen Wagen und Pferde holen und den Mond wegführen. Sie können sich hier einen andern kaufen.« »Ich kann gut klettern«, sprach der dritte, »ich will ihn schon herunterholen.« Der vierte brachte einen Wagen mit Pferden herbei, und der dritte stieg den Baum hinauf, bohrte ein Loch in den Mond, zog ein Seil hindurch und ließ ihn herab. Als die glänzende Kugel auf dem Wagen lag, deckten sie ein Tuch darüber, damit niemand den Raub bemerken sollte. Sie brachten ihn glücklich in ihr Land und stellten ihn auf eine hohe Eiche. Alte und Junge freuten sich, als die neue Lampe ihr Licht über alle Felder leuchten ließ und Stuben und Kammern damit erfüllte. Die Zwerge kamen aus den Felsenhöhlen hervor, und die kleinen Wichtelmänner tanzten in ihren roten Röckchen auf den Wiesen den Ringeltanz.

Die vier versorgten den Mond mit Öl, putzten den Docht und erhielten wöchentlich ihren Taler. Aber sie wurden alte Greise, und als der eine erkrankte und seinen Tod voraussah, verordnete er, dass der vierte Teil des Mondes als sein Eigentum ihm mit in das Grab sollte gegeben werden. Als er gestorben war, stieg der Schultheiß auf den Baum und schnitt mit der Heckenschere ein Viertel ab, das in den Sarg gelegt ward. Das Licht des Mondes nahm ab, aber noch nicht merklich. Als der zweite starb, ward ihm das zweite Viertel mitgegeben und das Licht minderte sich. Noch schwächer ward es nach dem Tod des dritten, der gleichfalls seinen Teil mitnahm, und als der vier-

te ins Grab kam, trat die alte Finsternis wieder ein. Wenn die Leute abends ohne Laterne ausgingen, stießen sie mit den Köpfen zusammen.

Als aber die Teile des Monds in der Unterwelt sich wieder vereinigten, so wurden dort, wo immer Dunkelheit geherrscht hatte, die Toten unruhig und erwachten aus ihrem Schlaf. Sie erstaunten als sie wieder sehen konnten: das Mondlicht war ihnen genug, denn ihre Augen waren so schwach geworden, dass sie den Glanz der Sonne nicht ertragen hätten. Sie erhoben sich, wurden lustig und nahmen ihre alte Lebensweise wieder an. Ein Teil ging zum Spiel und Tanz, andere liefen in die Wirtshäuser, wo sie Wein forderten, sich betranken, tobten und zankten und endlich ihre Knüttel aufhoben und sich prügelten. Der Lärm ward immer ärger und drang endlich bis in den Himmel hinauf.

Der heilige Petrus, der das Himmelstor bewacht, glaubte die Unterwelt wäre in Aufruhr geraten und rief die himmlischen Heerscharen zusammen, die den bösen Feind, wenn er mit seinen Gesellen den Aufenthalt der Seligen stürmen wollte, zurückjagen sollten. Da sie aber nicht kamen, so setzte er sich

auf sein Pferd und ritt durch das Himmelstor hinab in die Unterwelt. Da brachte er die Toten zur Ruhe, hieß sie sich wieder in ihre Gräber legen und nahm den Mond mit fort, den er oben am Himmel aufhing.

»Gerlachs Jugendbücherei« – so lautete der Titel einer im Jahr 1901 durch den Wiener Verleger Martin Gerlach ins Leben gerufenen Jugendschriftenreihe. Sie vereinigte literarische (Jugend-)Klassiker mit hochwertigen Illustrationen und verfolgte damit bewusst die Idee einer ganzheitlichen Bildung der Gesellschaft durch Literatur, Malerei, Musik, Tanz u.a., deren Verwirklichung sich die reformpädagogische Kunsterziehungsbewegung zum Ziel gesetzt hatte. Diese Art der »ästhetischen Erziehung« wollte den jungen Menschen mit der Erfahrung von Kunst den Zugang zu eigener Kreativität ermöglichen.

In der ursprünglich vermutlich sogar um einiges umfangreicher konzipierten, am Ende 35bändigen Reihe erschienen neben Märchen-, Sagen- und Gedichtsammlungen bekannter Autoren auch Titel wie *Die Schildbürger*, *Till Eulenspiegel*, *Münchhausen*, *Robinson Crusoe*, das *Nibelungenlied* oder Goethes *Reineke Fuchs*. Zu den Illustratoren zählten Otto Bauriedl, Carl Otto Czeschka, Carl Fahringer, Ernst Liebenauer, Ignaz Taschner, Hugo Steiner-Prag und Franz Wacik.

Bei Rezensenten wie Publikum erfreuten sich die Bücher über lange Jahre hinweg großer Beliebtheit, noch heute sind sie als Sammlerobjekte gefragt. Nahezu alle Titel erlebten mehrere Auflagen, und ab 1977 gab es Reprints einzelner Bände im Verlag für Jugend und Volk in Wien.

Der Reclam Verlag möchte ausgewählte Bände wiederbeleben, allerdings nicht in Form von Reprints, sondern als eigenständige Zeugnisse der Buchkunst in neuer Gestaltung und mit zeitgemäßer Typographie.

Der Text folgt, orthographisch behutsam modernisiert, der Ausgabe:
Brüder Grimm: Kinder- und Hausmärchen. Ausgabe letzter Hand.
Mit einem Anhang sämtlicher, nicht in allen Auflagen veröffentlichter Märchen.
Herausgegeben von Heinz Rölleke. Stuttgart: Reclam, 2009.

Textauswahl und Bilder folgen der Ausgabe:
Kinder und Hausmärchen nach Sammlung der Brüder Grimm.
Texte gesichtet von Hans Fraungruber. Bilder von Ignaz Taschner.
Wien/Leipzig: Martin Gerlach & Co., 1901.
(Gerlachs Jugendbücherei. Bd. 1.)

Einband- und Schubergestaltung: Eva Knoll, Stuttgart
Satz: Reclam, Ditzingen
Printed in China 2012
RECLAM ist eine eingetragene Marke
der Philipp Reclam jun. GmbH & Co. KG, Stuttgart
ISBN 978-3-15-010763-8

www.reclam.de

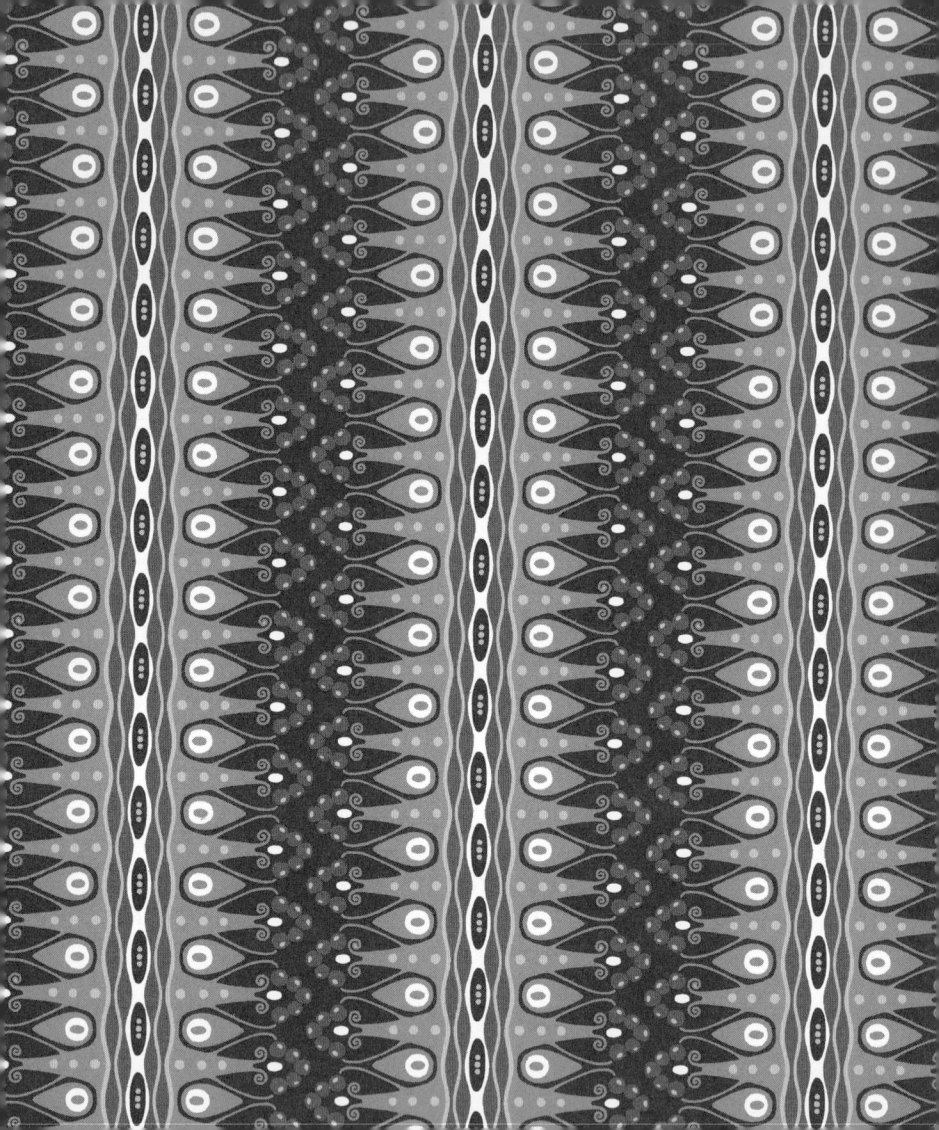